Et si nous n'avions toujours
rien compris à la sexualité ?

Didier Dumas

avec la collaboration de Christian Roche

Et si nous n'avions toujours rien compris à la sexualité ?

Albin Michel

22, rue Huyghens, 75014 Paris
www.albin-michel.fr
ISBN 2-226-14222-3

Ouverture

C'est en janvier 1999, à la sortie du colloque organisé à l'Unesco en hommage à Françoise Dolto [1], qu'une amie m'a présenté Christian Roche. Heureux de l'événement, nous décidâmes avec quelques autres de le prolonger en allant prendre un verre. J'appris qu'il était philosophe, enseignant et père de deux enfants.

Le colloque ayant été une réussite, les conversations avaient tendance à tourner à l'autosatisfaction. Elles portaient sur les progrès que nous avions vus survenir, depuis notre adolescence, dans la compréhension de la sexualité et la façon d'en parler aux enfants. Christian semblant n'adhérer que tièdement à cette liesse collective, je lui demandai ce qu'en pensait un enseignant.

– Les psychanalystes, me répondit-il, ne semblent pas du tout se rendre compte de ce à quoi nous sommes confrontés dans les lycées et les collèges. L'éducation sexuelle n'existe qu'en théorie. C'est un domaine dans

1. *Françoise Dolto, aujourd'hui présente*, Actes du colloque de l'Unesco, 14-17 janvier 1999, publiés sous la direction de Catherine Dolto, Gallimard, 2000.

lequel les enseignants ne peuvent pas se substituer aux parents. S'ils le font, ils risquent de se les mettre à dos, ce que la diabolisation de la pédophilie n'a fait qu'aggraver. À l'heure actuelle, les jeunes sont confrontés à une absence totale de parole adulte sur la sexualité. Avez-vous une idée de ce qui se dit dans les journaux pour parents ?

– Non, je n'en ai jamais ouvert aucun.

– Vous avez tort, c'est instructif : la psychanalyse qu'on y divulgue est à mille lieues de ce que nous avons entendu au colloque. J'ai fait un dépouillement de ce qui s'y écrit. Aimeriez-vous le lire ?

– Oui, avec plaisir ! Je n'ai pas la moindre idée de ce que sont ces journaux.

Ainsi se déroula la rencontre qui est à l'origine des trois années de travail dont ce livre est le fruit. Nous avions alors pour objectif de combler une des lacunes de la théorie freudienne : le fait qu'elle n'explique pas les processus du plaisir sexuel et de l'orgasme, en en déléguant ainsi la charge aux sexologues. Mais Christian et moi étant chacun, dans nos professions, quotidiennement confrontés aux difficultés et aux souffrances des adolescents, nous étions conscients que le désarroi sexuel des jeunes est dû à l'amplification, ces trente dernières années, du décalage entre l'absence de parole sur la sexualité, qui reste la règle dans les familles, et une évolution des mœurs et des techniques qui a rendu le cinéma pornographique de plus en plus tôt accessible. Nous ne pouvions donc nous engager dans cette voie sans prendre en compte la recrudescence des drames, des tentatives de suicide et de la délinquance par lesquels cet âge se fait aujourd'hui bruyamment remarquer. Cette génération étant celle de nos enfants, il nous semblait aussi indispensable d'expliquer, en des termes accessibles à tous, comment la jouissance érotique peut se comprendre et se penser dans la psychanalyse post-doltoïenne et transgénérationnelle, que de cerner les raisons pour lesquelles les parents sont encore si nombreux à ne pas vouloir, ne pas pouvoir ou ne pas savoir comment expliquer la sexualité aux enfants.

Nous avons ainsi conçu ce livre en quatre tableaux. Le premier porte sur la façon dont l'éducation sexuelle de l'enfant est pensée de nos jours. À partir d'une lecture des journaux pour parents, il met en relation l'absence plus ou moins totale de parole sur la sexualité au sein des familles et le fait que le suicide soit devenu la deuxième cause de mortalité des 14-24 ans.

Le second tableau explore l'histoire de notre sexualité. Il montre comment, en persécutant la sexualité infantile et en interdisant à la féminité de s'exprimer ailleurs qu'au sein des maisons closes, le puritanisme bourgeois du dix-neuvième siècle a engendré deux pathologies jusqu'alors inconnues : le fétichisme de l'homme et l'hystérie de la femme. Alors qu'auparavant, on ne cachait pas cette dimension essentielle de la vie, c'est à cette époque, et sous la pression des médecins, que les parents se sont mis à le faire, en interdisant aux filles tout regard et toute parole sur leur corps et leur sexe. Or cette absence de parole sur la sexualité continuant à se transmettre dans les relations mère-fille sur un mode fantôme, c'est elle qui explique que, de nos jours, les femmes sont encore sexuellement beaucoup plus fragiles que les hommes et qu'à l'adolescence, les tentatives de suicide sont deux fois plus fréquentes chez les filles que chez les garçons.

Le troisième tableau[1] traite de la façon dont la jouissance sexuelle a été pensée dans notre culture. Partant de nos origines grecques et bibliques, il montre comment la psychanalyse peut la comprendre et l'expliquer, en confrontant les points de vue de Freud et de Françoise Dolto. Freud n'est pas arrivé à expliquer comment fonctionne la jouissance sexuelle car, contrairement à elle, il n'a guère exploré la psyché du nourrisson. Or nous verrons que tout ce qui fait le charme, mais aussi les difficultés de l'amour charnel, vient de ce qu'il remet en jeu des processus mentaux qui sont, à l'origine, ceux du bébé et du fœtus.

Le quatrième tableau expose comment la jouissance et l'orgasme étaient pensés dans la Chine ancienne. J'y montre qu'avec l'acupuncture, la conception chinoise de la sexualité repose sur une théorie de l'énergétique corporelle qui, n'ayant guère d'équivalent dans les autres cultures, explique pourquoi la médecine chinoise considère l'activité sexuelle comme le « premier des remèdes ».

Bien que la théorie des processus à l'œuvre dans la jouissance et l'orgasme que je présente ici soit assez nouvelle, je me suis efforcé de l'exposer aussi clairement que possible. La parité sexuelle étant loin d'être acquise, il m'a semblé indispensable d'expliquer, d'une façon accessible

---

1. Cette partie reprend un certain nombre de mes articles publiés de façon éparse, notamment « Architecture et construction des souffles de l'orgasme, esquisse d'une théorie des mécanismes de la jouissance érotique », in *Quel corps*, n° 50-52, avril 1995, et « L'image inconsciente du corps dans la mobilité corporelle et sexuelle de l'esprit », in *Françoise Dolto, c'est la parole qui fait vivre, Une théorie corporelle du langage*, sous la direction de Willy Barral, Gallimard, 1999.

aux plus âgés comme aux plus jeunes, comment fonctionne l'amour sexué, ce qui s'y passe, ce qui l'entrave ou fait de lui, au contraire, le moteur de la vie et de l'évolution.

Premier tableau

Comment pense-t-on la sexualité de l'enfant aujourd'hui ?

La masturbation

La masturbation a longtemps été considérée, dans notre monde, comme un « mal » responsable des pires maladies. C'est pour en prémunir les enfants que les parents se sont mis à leur cacher la sexualité. Or nombreux sont ceux, aujourd'hui encore, qui ne savent pas quoi faire, quoi penser ou quoi dire lorsqu'ils découvrent que leurs enfants se masturbent. Ils ne croient plus comme leurs ancêtres que la masturbation puisse mettre leur santé en danger. Ils savent qu'il est dangereux de réprimer la sexualité de l'enfant. Mais comme cela les oblige à se comporter différemment de leurs parents et grands-parents, ils se posent toutes sortes de questions auxquelles les revues pour parents donnent généralement des réponses toutes faites, comme par exemple : « Votre enfant se caresse devant vous. Pour lui, c'est naturel. N'ignorez pas ce qu'il fait mais ne le culpabilisez pas. Dites-lui que c'est un geste intime, son secret à lui. Cela doit se faire à l'abri des regards[1]. »

Lorsque ces revues font appel à un « spécialiste », le propos se complique. À une mère qui raconte que sa fille de cinq ans prend plaisir à se caresser sur le canapé du salon en présence de toute la famille, une psychanalyste répond : « Le plaisir solitaire n'est ni dangereux, ni interdit, ni coupable. Mais il faut expliquer à cette petite fille qu'on ne s'y livre pas en public, que ce sont des gestes intimes et privés que l'on peut accomplir quand on est seul, dans sa chambre. » Elle ajoute : « Concernant la masturbation, il faut seulement s'inquiéter si elle devient très fréquente et excessive[2]. » Dans une autre revue, le « spécialiste » déclare : « En même temps qu'il "soulage" une envie physique, l'enfant qui se masturbe évacue des tensions qui ne sont pas forcément sexuelles : angoisse d'être séparé de vous, conflit, jalousie vis-à-vis du petit dernier[3]. »

« Spécialistes » et revues offrent ainsi aux parents toute une batterie de « cuisine psychologique » qui ne répond en rien à leurs questions. En effet, la question d'un adulte constatant que son fils ou sa fille se masturbe renvoie tout d'abord à la façon dont il a, lui-même, découvert son sexe. S'est-il ou non masturbé au même âge ? S'en souvient-il ou l'a-t-il oublié ? Et quelle est donc la question que lui pose son fils ou sa fille en se masturbant sous ses yeux ?

---

1. Claude de Faÿ et Sylviane Giampino, psychanalyste, *Famili*, juillet 1998.

2. Sylviane Giampino, propos recueillis par Françoise Devilliers, *Avantages*, juillet 1998.

3. Maryse Damiens et Gisèle Ginsberg, *Enfant Magazine*, juin 1996.

Au lieu d'aider les parents à découvrir que ce n'était pas la masturbation qui posait problème dans leur propre enfance, mais le manque de paroles sur la sexualité, on les invite à projeter sur leurs enfants des angoisses qui ne sont pas celles des enfants, mais celles des adultes. On leur dit : « votre enfant est comme vous », il « soulage une envie physique », il « évacue de l'angoisse ». Et, au lieu de les inviter à réfléchir sur ce qu'ils ont eux-mêmes vécu à cet âge, on assimile la sexualité de l'enfant à celle de l'adulte, comme s'il n'y avait aucune différence entre les deux.

Avoir un corps peut être agréable ou désagréable, procurer du plaisir comme de la souffrance. En se masturbant, l'enfant éprouve du plaisir et non de la souffrance. Il est donc assez tordu de penser que ce pauvre petit le fait au nom d'une hypothétique souffrance. Ce genre de propos incite les parents à projeter sur lui leurs propres angoisses, alors que, si leur enfant se masturbe ostensiblement devant eux, cela signifie qu'il a besoin de les entendre parler de la sexualité, d'apprendre de leur bouche que le sexe est un organe avec lequel les hommes se reproduisent et luttent contre la mort, ou toutes autres paroles qui lui permettent d'atteindre, comme le disait Françoise Dolto, à la fierté du génie de son sexe, en comprenant ce qu'est la reproduction sexuée.

En faisant croire aux parents que la masturbation infantile est un palliatif de l'angoisse, non seulement on leur en offre une image qui ne rime à rien, mais ce qui est beaucoup plus grave est qu'on évacue les vraies questions. On leur dit : « La masturbation se produit devant vous, vous pouvez soit l'ignorer purement et simplement, soit proposer à l'enfant une autre "activité" [1]. » On élimine ainsi la seule

1. *Ibid.*

chose à expliquer aux parents : que les enfants qui se masturbent en public sont des enfants en manque d'information sexuelle et que, la plupart du temps, il suffit de leur expliquer ce qu'est la sexualité adulte pour que cela s'arrête.

« Si la situation vous gêne vraiment, poursuit le même auteur, il est toujours plus facile d'expliquer à votre petite fille ou à votre petit garçon que tous les enfants de son âge le font, mais qu'il est préférable qu'il aille dans sa chambre, à l'abri des regards indiscrets, car son corps est à lui, rien qu'à lui [1]. » En d'autres termes, ne cherchez pas à savoir si votre enfant est suffisamment informé sur la sexualité. Envoyez-le trouver réponse à ses questions en jouant à touche-pipi avec ceux de son âge.

Avec de tels conseils, les parents qui ne savent comment expliquer la sexualité à leurs enfants et qui les voient se masturber se retiendront de les gronder ou d'y mettre fin par une gifle, comme cela se faisait à la génération de leurs parents. C'est déjà un progrès. En effet, lorsqu'un petit garçon reçoit, en réponse à la première question qu'il se pose sur la dureté de son membre, une gifle de sa mère, il y a de fortes chances pour que sa sexualité en soit profondément marquée. Si cette gifle reste la seule réponse à ses questions sur la sexualité, il risque d'en conclure, plus ou moins consciemment, que cette dureté du pénis est liée à une méchanceté qui caractérise les hommes. Il se construit alors en imaginant que sa mère redoute autant qu'elle désire cette méchanceté ou cette dureté propre aux hommes. La gifle devient ainsi, dans ses jardins secrets, le signe certain d'une jouissance dont il la prive. Mais, devenu homme, il risquera de ne pas savoir quoi faire de ses pulsions viriles.

1. *Ibid.*

Elles se présenteront à lui, soit comme des pulsions masochistes, soit comme des pulsions sadiques. Car, dès qu'on violente un enfant, qu'on le tripote ou qu'on le bat sans lui expliquer pourquoi, il interprète cela automatiquement comme une demande d'amour qui s'inscrit, de tout son poids, dans ses fantasmes. Et c'est ainsi qu'à l'âge adulte le désir sexuel s'exprime comme un désir de battre ou d'être battu.

Un de mes clients souffrait, enfant, d'un phimosis. Pour y remédier, sa mère l'avait, durant des années, masturbé hygiéniquement sur un tablier de caoutchouc. Enfant, il ne pouvait, dans ses fantasmes, pleinement attribuer ces séances de jouissance obligatoire aux pulsions incestueuses de sa mère. Celle-ci était une femme assez obsessionnelle et rigide qui, de toute évidence, faisait cela par pur devoir, sans y prendre le moindre plaisir. Reproduisant l'expérience en solitaire, il s'était néanmoins persuadé qu'elle en prenait beaucoup. Mais afin de se protéger de toute vision incestueuse, il n'attribua pas ce plaisir à son sexe, mais au tablier de caoutchouc sur lequel s'effectuait cette masturbation hygiénique. Il continua ainsi à se masturber seul, en s'enveloppant dans le tablier de caoutchouc de sa mère, jusqu'au jour où, dans l'espoir d'en apprendre plus, il se mit à le faire devant son père. Celui-ci y mit un terme en lui disant : « Il ne faut pas faire ça. C'est dangereux pour les garçons ! » L'enfant en a conclu que son père ignorait totalement l'existence de la jouissance, que les femmes étaient les seules à connaître le secret du caoutchouc, et ainsi persuadé que devenir homme le priverait du plaisir merveilleux que procurait le caoutchouc, il a rêvé, toute son enfance, d'être une fille.

Au regard des ravages que provoque l'absence d'information sexuelle chez l'enfant, lui expliquer lorsqu'il se masturbe devant vous que le plaisir qu'il y prend n'a rien d'anormal est bien sûr déjà un progrès. C'est toutefois insuffisant. Les enfants sont tout à fait capables de faire ce genre de choses en cachette. S'ils le font devant leurs parents, c'est qu'ils ont, consciemment ou inconsciemment, besoin de les interpeller sur cette dimension de la vie. En s'exhibant devant leur père ou leur mère, ils demandent qu'on leur explique ce qu'ils ont découvert par leurs propres moyens. Conseiller alors aux parents de tourner pudiquement la tête, de fuir ou de les envoyer faire cela dans leur chambre, c'est les considérer, par avance, comme des individus incapables de parler à leur enfant. C'est être persuadé qu'ils ne peuvent pas se comporter autrement que leurs propres parents. Mais c'est aussi tout faire pour que leurs enfants qui, eux, vivent à une époque où la nudité du corps s'exhibe un peu partout, les considèrent comme atteints d'une curieuse forme de mutisme.

Que de tels conseils soient donnés au nom de la psychanalyse est assez stupéfiant. C'est tout bonnement dénier ce qui fonde cette discipline : la découverte que la sexualité humaine se construit dans l'enfance et le langage. Mais c'est surtout ignorer à quel point il est traumatique pour un enfant de découvrir que ses parents ne savent pas parler des plaisirs du corps ou ont honte des organes avec lesquels ils l'ont fait. Aider l'enfant, c'est tout d'abord aider ses parents à ne pas reproduire le comportement de leurs propres parents, en leur permettant de comprendre à quel point il est important qu'ils sachent eux-mêmes informer leurs enfants de ces réalités incontournables que sont le sexe et la mort.

Lorsqu'ils le refusent ou ne peuvent parler de la façon

dont ils l'ont eux-mêmes assumée, ils condamnent l'enfant à n'avoir pas d'autre recours que sa propre imagination pour se donner une idée de la place qu'occupe la sexualité dans les relations humaines. Or c'est précisément cela qui génère, à l'âge adulte, les fantasmes les plus étranges et autres bizarreries sexuelles. La sexualité humaine se construit dans la parole. C'est la première chose que l'on doit rendre intelligible aux parents. Informer, c'est expliquer comment fonctionnent les choses. Au lieu de leur dire ce qu'ils savent déjà, que la masturbation n'a rien d'anormal, mieux vaut leur expliquer à quoi elle sert.

Le corps n'est, en soi, ni bon ni mauvais. Il est, il existe, et il n'existe pas autrement que sexué. À la puberté, la masturbation permet de prendre conscience du rôle capital que joue l'esprit dans l'activité sexuelle. Comme, à elle seule, la main n'y suffit pas, l'adolescent découvre qu'il n'est pas possible de se masturber sans faire appel à des fantasmes, ce qui lui indique que l'activité sexuelle est tout d'abord une activité psychique. La masturbation permet ainsi de comprendre que le désir sexuel n'est pas qu'une simple affaire corporelle, mais le profond besoin de partager avec un autre le plus intime de sa vie émotionnelle et mentale.

L'apprentissage de la propreté

L'enfant commence à marcher vers un an et se met à parler vers deux. Dix-huit mois est, en conséquence, un âge charnière au cours duquel s'amorce la mutation la plus importante de la petite enfance : le passage du bébé à l'enfant. Or, dans les journaux pour parents, ce qui caractérise cet âge est l'apprentissage de la propreté. Les revues ne disent rien de l'événement le plus marquant de cette période : l'acquisition de la station verticale et la maîtrise des jambes. En revanche, elles traitent longuement du pot, en présentant le « caca » comme un précieux « cadeau » que l'enfant offre à sa mère. « Vers dix-huit mois-deux ans, y lit-on, commence l'apprentissage de la propreté. Garder ou lâcher ses selles dans le pot va devenir un jeu avec vous [1]. » Garçons et filles « prennent conscience des sensations agréables liées à l'évacuation de leurs selles. Ils réalisent très vite qu'ils ont le pouvoir de retenir ou de lâcher leurs matières fécales quand bon leur semble [2] ». « Le pipi et le caca sont des cadeaux que l'on fait à sa maman, qui disent : "Tu vois, je suis grand !" [3] » « Pour eux, c'est un cadeau immense qu'ils lui offrent quand ils font dans leur pot, ce qui explique leur fierté [4]. »

On peut comprendre que de tels propos ne choquent pas ceux qui les publient : ils ne font que reprendre la théorie freudienne telle qu'elle a été divulguée par plusieurs générations de psychanalystes qui, eux-mêmes, n'y ont rien trouvé à redire, car ils n'ont jamais analysé aucun enfant. La psychanalyse s'étant constituée à partir de l'écoute des adultes et non des enfants, de nos jours, nul ne se rend

1. Claude de Faÿ et Sylviane Giampino, psychanalyste, *Famili*, juillet 1998.

2. Maryse Damiens et Gisèle Ginsberg, *Enfant Magazine*, juin 1996.

3. Propos du Dr Edwige Antier, pédiatre, recueillis par Catherine Gourlat, *Enfant Magazine*, août 1998.

4. *Ibid.*

compte que cette façon de concevoir leur développement n'est pas de la psychanalyse d'enfants, mais de la psychanalyse d'adultes appliquée aux enfants.

Absorber et expulser, garder ou rendre à la mère ce qu'elle a donné concerne la sexualité du nourrisson, et non celle de l'enfant. À dix-huit mois, l'enfant commence à se défaire de sa peau de bébé. Il est déjà une petite personne et la dimension anale de la sexualité n'est plus de l'ordre du caca. À cet âge, le cadeau que l'enfant fait à sa mère est de savoir marcher. La station verticale est l'acquisition la plus importante de cette période. Elle lui permet de se défaire de ses identifications animalières et de commencer à se penser semblable à ses parents.

À quatre pattes, l'enfant s'identifiait aux chiens ou aux chats, comme l'ont constaté, plus ou moins consciemment, ses parents, en le couvrant d'animaux en peluche. Le pot est maintenant un lieu où il assume la maîtrise de ses sphincters, mais cette acquisition n'est indépendante ni de la prise de possession de ses jambes, ni du statut de petite personne que lui confère la station verticale. À cet âge, la nouveauté n'est pas de savoir déféquer assis, mais de pouvoir marcher, courir et sauter. Il est alors beaucoup plus extraordinaire d'avoir des pieds et de pouvoir s'en servir que de rester fixé sur son anus, comme un bébé sans jambes. L'expression anale du corps n'est plus : « Je fais cadeau de mon caca à Maman », mais : « Je tiens debout. »

Sur ses pieds, l'enfant ne peut plus considérer ses excréments comme un cadeau adressé à sa mère. S'il lui en fait alors un, c'est de ne plus avoir besoin d'être porté. Le cadeau est de tenir droit, comme elle et comme papa, et la vraie nouveauté, de pouvoir regarder l'horizon, sur ses jambes, en commençant à se vivre comme un individu autonome. À dix-huit mois, l'analité musculaire de l'enfant ne se structure donc pas sur le pot, mais à partir de la maîtrise de ses jambes.

La sexualité du bébé est centrée sur son tube digestif et ses besoins alimentaires, celle de l'enfant sur la maîtrise musculaire d'un corps qu'il lui faut apprendre à gouverner lui-même. Chez l'enfant, l'analité n'est plus, comme chez le nourrisson, seulement digestive. Elle s'est investie dans les muscles. Les mains ont repris à leur compte la fonction de mise en forme et de modelage de la matière qui était, chez le bébé, dévolue à l'anus, et les pieds qui, maintenant, permettent de fuir, sa fonction séparatrice. À l'âge où il peut enfin s'identifier à la verticalité de son père et de sa mère, il est donc aussi absurde que dangereux de laisser croire aux parents que l'enfant considère ses selles comme un cadeau. Voit-il papa offrir son caca à maman ? Non ! Si, passé trois ans, sa mère continue à considérer ses excréments comme le plus beau des cadeaux, sans lui permettre de découvrir l'existence de la sexualité, il risque de les prendre pour objet sexuel, comme cela se retrouve dans la coprophagie, la passion sexuelle des selles, ou la bébéphilie, l'irrésistible désir de porter des couches.

Alors que le rôle des « spécialistes » devrait être d'aider les parents à comprendre l'évolution de leurs enfants, ils leur proposent des « recettes » qui entretiennent la névrose maternelle la plus commune et ont pour principale conséquence de les infantiliser. Cette façon de présenter les choses est, bien sûr, due au fait que la théorie freudienne a assimilé la sexualité du bébé à celle de l'enfant, sans les différencier l'une de l'autre, alors que la première est charnelle et l'autre, platonique. Elle n'en dénote pas moins une profonde méconnaissance de la façon dont l'enfant se construit.

Celle-ci atteint son paroxysme lorsque la collaboration du journaliste et du psychanalyste fait du caca un « cadeau œdipien » : « Au moment où se consolide le contrôle volontaire de leur musculature, le petit garçon et la petite fille découvrent une forme d'excitation liée à leur muqueuse anale. (...) L'enfant qui a maintenant la possibilité d'accorder ou de refuser ce qu'on lui demande peut manifester son opposition en continuant à retenir ou à expulser dans les conditions excitantes qu'il recherche. Mais craignant de perdre l'amour maternel s'il ne "donne" pas aux bons moments le "cadeau" attendu, il finit par accepter de restreindre son plaisir en se pliant à la discipline imposée [1]. »

L'utilisation du pot étant indissociable de la marche, de tels propos n'expliquent aux parents ni que la station verticale bouleverse totalement l'image que l'enfant avait jusqu'alors de lui-même, ni que cet événement est l'amorce de sa construction œdipienne. Debout, l'enfant peut voir son sexe dans la glace. Ce qu'il ne pouvait faire tant qu'il se déplaçait à quatre pattes. Il peut donc le comparer à celui des autres enfants. Ce qui suscite ses premières questions sur la sexualité. Or non seulement on ne dit rien de cela aux parents, mais on justifie ce « conseil de spécialiste » par une information fausse, en attribuant à l'enfant qui marche un fonctionnement sexuel qui n'est déjà plus celui de son âge. On leur fait croire qu'il « découvre » la jouissance anale, alors que celle-ci est une jouissance de nourrisson. Et en s'appesantissant sur son caca, on en fait un objet de séduction dans la relation à sa mère.

Apprise dans les livres, cette conception du développe-

---

1. Manou Lecardonnel et Michelle Costa-Magna, psychanalyste, *Famille Magazine*, mai 1998.

ment est ainsi à mille lieux de ce que vit l'enfant. Mais qu'elle soit toujours la seule présentée dans les journaux pour parents dénote à quel point l'œuvre de Françoise Dolto a été bannie des institutions de formation des analystes.

L'analité musculaire de l'enfant

Pour Françoise Dolto, le passage de l'analité digestive à l'analité musculaire des jambes s'observe au moment où l'enfant danse pour la première fois sur ses pieds. Non pas celui où il commence à marcher et où il avance un pied après l'autre, mais celui où ayant acquis la mobilité de la plante du pied, il peut en jouer en se balançant. Cette acquisition a une certaine importance dans sa construction sexuelle. À l'âge où l'enfant le découvre, ce balancement va de pair avec la maîtrise de ses sphincters. Chez la fille, il structure la souplesse et la mobilité des hanches. Chez le garçon, il correspond à la fin de l'innervation des testicules. Pour lui, l'analité musculaire est donc centrée sur ces organes dès ses premiers pas. Le langage populaire qui les appelle « les valseuses » ne s'y trompe d'ailleurs pas.

À cet âge, la mobilité du bassin prend son caractère typiquement masculin ou féminin. Cette acquisition est à l'origine d'un plaisir, la danse, avec lequel, à l'adolescence, on fêtera l'arrivée de la maturité sexuelle. Cette danse en bascule est ainsi, d'une part, un mouvement qui s'inscrit dans la continuité de ce que vivait le fœtus, lorsque sa mère bougeait ou avait un rapport sexuel, alors que de l'autre, il annonce déjà la sexualité adulte. Ce mouvement marque ainsi le passage du bébé qu'il fallait bercer, à l'enfant qui, maître de ses pieds, entre dans la période œdipienne et aborde une nouvelle étape de sa construction mentale : celle où la découverte de la sexualité adulte le conduira à rejeter les plaisirs de l'oralité et de l'analité charnelles qu'il a connus, bébé, dans les bras de sa mère.

Dix-huit mois est l'âge qui correspond à ce bon évolutif. C'est celui où Jacques Lacan situe, dans *Le Stade du miroir*[1], la naissance du « Je », celui à partir duquel marcher structure la possibilité de se prendre soi-même en charge. Les mères sont, en conséquence, souvent débordées, à cet âge, par la façon dont l'enfant ressent sa joie d'avoir des pieds. Un de ses jeux préférés est alors de partir en courant au moment précis où sa mère l'appelle. L'enfant exprime ainsi la satisfaction de ne plus avoir besoin d'être porté. La maîtrise de ses pieds est encore toute nouvelle. S'en servir est fabuleux. Cela lui permet de se prendre pour un individu autonome de maman. Mais on comprend aussi que cette façon qu'ont les enfants de partir en courant dès qu'elles les appellent puisse mettre les mères hors d'elles.

Lorsque j'étais moi-même enfant, on en voyait qui tenaient leur enfant en laisse, comme un petit chien. Ce qui indique à quel point ce moment de passage du bébé à l'enfant peut être angoissant pour elles. Il est donc d'autant plus important de leur expliquer qu'à cet âge, l'analité de l'enfant ne se situe plus dans le pot, mais dans la vivacité des jambes, dont la soudaine vitalité les prend de cours. Elles ont peur qu'il se perde ou se fasse écraser, alors que lorsqu'il part en courant, il suffit qu'elles lui disent : « Je sais que tu as des jambes et que tu es fier de ne plus être

1. Jacques Lacan, *Écrits*, Le Seuil, 1966.

un bébé », pour que l'enfant fasse demi-tour et revienne vers elles avec un sourire rayonnant.

En revanche, si elles ne comprennent pas ce qu'il cherche ainsi à exprimer, si elles le frappent où le réprimandent, les choses se compliquent. Elles briment l'enfant dans sa vitalité musculaire naissante et, si elles n'ont personne avec qui en parler, le voilà qui se structure dans la névrose. D'où l'idée qu'a eue Françoise Dolto de créer des jardins d'enfants à visée prophylactique, dans lesquels les mamans puissent trouver quelqu'un avec qui parler, et les enfants, un espace où jouer librement : les Maisons Vertes. Ce sont des lieux publics, ouverts aux enfants de moins de cinq ans et à leurs parents, dont la fonction est d'empêcher que des névroses s'installent à cet âge.

L'une des premières causes de la névrose de l'enfant est, en effet, cette difficulté de la mère à supporter ce moment où il cesse d'être un bébé et se met à courir en tous sens. Si cette toute nouvelle activité musculaire l'angoisse trop, elle a alors tendance à le satelliser autour de ses jupes. L'enfant doit toujours être à portée de son regard. S'il s'éloigne de plus de cinq mètres, elle a peur qu'il lui arrive quelque chose, qu'on le blesse ou le kidnappe, qu'il se fasse mal ou se salisse. Elle ne se rend pas compte qu'il devient ainsi l'individu sur qui se concentrent toutes ses angoisses de mort, et c'est de cette façon que commence à se mettre en place une névrose obsessionnelle.

Il suffit alors que le père soit absent ou parle peu pour que l'enfant se retrouve seul confronté aux angoisses d'une mère qui, dès qu'il s'éloigne, voit la mort se pointer à tous les coins de rues. Il se sent ainsi autrement plus important pour elle que ne l'est son père. Et, au lieu que ce soient la sexualité et le père qui permettent à la mère d'affronter ses angoisses de mort, c'est lui, en tant qu'enfant, qui est garant du fait qu'elle existe bien et reste vivante. En conséquence, l'enfant ne peut plus du tout imaginer qu'il aura, un jour, à la quitter. Il est son seul référent affectif. C'est lui qui la rassure, la console. Il sait que, sans lui, elle n'aurait jamais pu affronter la lourdeur de la vie. Et, au moindre chagrin, il se blottit contre elle, pour lui servir de « radiateur affectif ».

Lorsque les petits garçons sont ainsi la seule « lumière » de leur maman, ils n'y trouvent rien à redire. Si ce n'est que, pour se protéger de tout fantasme incestueux, il leur faut impérativement oublier qu'ils ont un sexe. Mais à l'adolescence, ils ne savent pas quoi faire de leurs émois sexuels et sont l'objet de toutes sortes d'inhibitions. Ayant été, toute leur enfance, les sages petits « Jules » de leur maman, ils n'ont jamais pu la voir comme une femme, ni se vivre face à elle comme un homme. S'étant appliqués, durant de longues années, à se construire comme s'ils n'avaient pas de sexe, pour pouvoir continuer à être le « radiateur affectif de maman », les voilà, à l'adolescence, qui ne savent pas quoi faire du leur.

Les hommes obsessionnels ont souvent été des enfants brillants à l'école qui satisfaisaient leur mère en tout. Mais, à l'âge adulte, ce sont des individus qui tournent en rond ou font du surplace dans leurs désirs. Ils ne peuvent pas en assumer la dimension sexuelle et sont toujours dans l'hésitation. Ils se demandent : « Est-ce que je téléphone à Marie, ou est-ce que je téléphone à Julie ? », mais ils n'arrivent jamais à appeler ni l'une ni l'autre, car ils ne se sentent vraiment eux-mêmes que dans cet entre-deux, où, hésitant, leur désir leur échappe. S'ils sont avec Marie, ils sont tout au service de Marie, sur le mode où ils l'étaient, enfants, avec leur mère, et s'ils sont avec Julie, de même. Mais, en étant ainsi potentiellement tout au service de l'être aimé, ils restent incapables de savoir eux-mêmes ce qu'ils désirent. Ayant été toute leur enfance le petit prince asexué de maman, face aux femmes, ils ne trouvent, en eux-mêmes, qu'un enfant qui ne se sait pas sexué. Ils les couvrent de fleurs, de robes ou de bijoux, mais ils les mettent aussi hors d'elles, en semblant ne pas arriver à comprendre qu'elles puissent attendre autre chose d'eux. Et, comme ils n'arrivent pas, eux-mêmes, à comprendre ce qu'ils attendent d'elles, ils se retrouvent souvent entre deux femmes, sans arriver à savoir ce qu'ils attendent de l'une ou de l'autre.

Ces hommes ont été des enfants étouffés par un amour maternel irréprochable qui leur a totalement interdit de se représenter la sexualité de leur père. Ils n'ont jamais imaginé que papa puisse faire autre chose avec maman que la « bouillotte » ou le « radiateur affectif ». Ils aiment donc leur père autant qu'ils l'ignorent. Ils lui doivent la droiture et le goût du travail. Mais, ayant passé leur enfance sans pouvoir s'éloigner de plus de cinq mètres de leur mère, c'est comme s'ils ne l'avaient, lui, jamais rencontré. N'ayant donc pas pu se donner, à travers lui, une image fonctionnelle de leur sexe, ils continuent, à l'âge adulte, à tourner éternellement en rond.

L'enfant qui voulait dire au psychanalyste de sa mère qu'il avait des pieds comme papa

Un jour, une mère arrive chez moi, en urgence, avec son fils de six ans. Elle sortait de la Maison Verte que Françoise

Dolto venait d'ouvrir quelques années plus tôt. L'enfant n'avait pu y être reçu. On lui avait dit qu'il était déjà trop grand. Paniquée et coupable de s'y prendre si tard, elle avait demandé s'il était possible de consulter quelqu'un d'autre. On lui avait donné mon nom et, une demi-heure plus tard, elle sonnait à ma porte. Elle arriva ainsi, sans même passer un coup de fil, comme si j'étais une annexe de la Maison Verte. J'étais disponible. Je la fis donc entrer pour qu'elle m'explique ce qui semblait être d'une telle urgence. « Je n'arrive plus à le tenir ! Je ne m'en sors pas ! » gémissait-elle, en suffoquant. Et, comme souvent, dans ce genre de cas, l'enfant s'empressa de confirmer ce que disait sa mère. Il se mit à courir et à crier, en sautant dans tous les sens. Je le laissai faire un moment avant de lui dire : « Ta mère est venue me voir pour toi. Ou tu écoutes sagement ce qu'elle a à me dire, ou tu préfères jouer, et dans ce cas-là, tu as tout le garage et le jardin pour le faire. »

Entre mon bureau et la salle d'attente, il y avait à l'époque un grand garage plein de jouets d'enfants. Il s'y précipite. Je reprends le dialogue avec sa mère. L'enfant est un garçon grand et costaud qui semble fort bien se développer. Il paraît plus âgé qu'il n'est. On imagine que son père est une armoire à glace. Sa mère m'explique qu'elle a commencé une psychanalyse, qu'il n'a jamais posé problème, mais que, depuis quelque temps, elle n'arrive plus à le tenir. Or, à peine m'a-t-elle redit cela, que le gamin entre dans le bureau comme un bolide. Il a trouvé dans le garage une patinette pour enfants de deux ou trois ans, déjà bien trop petite pour son âge, mais illustrant fort bien ce à quoi sa mère s'est heurtée à la Maison Verte. Avec la patinette, il monte sur le divan et se met à vouloir en faire à cet endroit précis. Le spectacle est assez insolite. Il exprime néanmoins la façon dont l'enfant comprend ce que sa mère vient de me dire : que bien qu'elle ait entrepris une psychanalyse, elle n'arrive pas à le tenir. Or soudain la tenture au-dessus du divan s'écroule et le garçon s'arrête, sidéré, en s'exclamant : « J'ai mis la merde partout ! »

Me tournant vers la mère :

– Avez-vous entendu ce qu'il vient de dire ?

– Non.

– Il a dit qu'il n'est plus à l'âge où l'on met de la merde partout avec son anus, mais à celui où on le fait avec ses pieds, et qu'il est fier d'avoir des pieds comme papa et maman. Dans la scène qu'il vient de nous jouer à qui s'adressait-il ?

– À mon psychanalyste ?

– En quelque sorte. Il vient de dire qu'il avait peur d'avoir mis la merde sur le divan d'un psychanalyste.

Lorsque les mères vont trois fois par semaine chez un monsieur ou une dame qu'on ne voit jamais, c'est très mystérieux pour leurs enfants. Si elles y parlent d'eux, ils le perçoivent inconsciemment. Et, si l'analyste n'a pas été formé à l'analyse d'enfant, il est rare qu'il y soit attentif. Les analystes d'enfants savent généralement que la prise en charge d'une personne a des effets sur toute sa famille. Ceux qui n'écoutent que des adultes ont souvent tendance à l'oublier.

Lorsqu'on reçoit des enfants, pour comprendre ce qu'ils expriment, on ne peut pas se limiter à ne se servir que de ses oreilles, comme cela est la règle dans la psychanalyse des adultes. Il faut aussi savoir se servir de ses yeux, afin de décrypter ce que l'enfant exprime en gestes. Car, tant que les enfants ne savent pas parler, ou que, parlant déjà, ils ne possèdent pas encore les mots qui leur permettent d'exprimer ce qu'ils ont à dire, ils « parlent » avec leur corps.

Françoise Dolto est la première psychanalyste à avoir compris cela, mais surtout à l'avoir théorisé. Or malgré son incontestable succès médiatique, elle n'a pas du tout été comprise dans les institutions de formation des psychanalystes. D'une part, parce que la plupart d'entre eux ne reçoivent que des adultes, mais aussi parce que, comme l'a montré le livre de Willy Barral [1], Jacques Lacan, le théoricien qui a dominé son époque, a publiquement rejeté sa théorie de l'*image inconsciente du corps*, et en a détourné ses élèves. C'est dommage, car, comme nous le verrons dans la troisième partie de ce livre, l'image inconsciente du corps est le seul concept psychanalytique à partir duquel il est possible de comprendre les processus à l'œuvre dans le plaisir érotique. Nous reviendrons alors sur la façon dont se construit cette « image invisible » ou inconsciente, qui est l'instance qui permet à l'esprit de s'exprimer dans le corps et sa gestuelle, et qui, dans l'œuvre de Françoise Dolto est, tout d'abord, celle avec laquelle s'expriment les enfants qui ne parlent pas encore, mais aussi les plus grands, lorsqu'ils ne disposent pas des mots qui leur permettent de le « dire » autrement.

Grâce à cet outil conceptuel qu'elle a forgé à partir de ce que les enfants montrent de leur image du corps, dans leurs rêves, leurs dessins et leurs gestes, il est parfaitement inutile de leur imposer six séances par semaine, comme le font, par exemple, les analystes kleiniens. Agir ainsi équivaut, en fait, à du rapt d'enfant. Les recevoir toutes les semaines, durant des années, en ne voyant les parents

1. *Françoise Dolto, c'est la parole qui fait vivre*, *op. cit.*

qu'épisodiquement sur le mode où ils rencontrent le maître d'école, comme cela se fait un peu partout, revient au même. Il est beaucoup plus efficace, pour la santé mentale des enfants, d'aider leurs parents à prendre conscience de la façon dont ils reproduisent le comportement de leurs propres parents. Cela a un double avantage : ne pas les priver du travail qui est le leur, et éviter à l'enfant une entreprise aussi longue que fastidieuse. Mais ce n'est, bien évidemment, possible que si le thérapeute bénéficie d'une formation transgénérationnelle. C'est-à-dire s'il a cerné, dans sa propre histoire, en quoi l'inconscient n'est pas, comme l'a postulé Freud, *individuel*, mais *transgénérationnel*, et s'il a ainsi compris que les traumatismes mentaux se transmettent dans les relations de filiation, au même titre que la langue, la religion ou la culture.

Entre l'enfant et ses parents, le rôle du psychanalyste consiste tout d'abord à rétablir le contact, à les aider à se comprendre, en mettant des mots sur ce qu'ils ne comprennent pas mais que l'enfant exprime avec son corps. C'est ce qui a conduit Françoise Dolto à créer les Maisons Vertes. Et celles-ci sont beaucoup plus utiles aux petits enfants et aux mères que les cabinets des thérapeutes qui fétichisent une théorie vieille d'un siècle, en continuant à ignorer qu'elle n'a pas été élaborée à partir d'une clinique de l'enfant.

Qu'ai-je fait avec cette mère ? Je me suis limité à l'aider à comprendre ce que voulait dire cette soudaine activité musculaire de l'enfant qui la déroutait, en la laissant répondre elle-même à la question qu'il lui posait ainsi.

Lorsque la mère fait une psychanalyse, son psychanalyste, surtout si c'est un homme, peut devenir plus important pour elle que le père de son enfant. Si elle n'en dit rien à l'enfant, il est logique que cela l'inquiète. Il devient irascible, capricieux ou colérique, sans qu'elle comprenne pourquoi, alors qu'il suffit qu'elle lui dise que son père restera toujours son père et qu'elle lui explique ce qu'est un psychanalyste pour que la turbulence s'arrête instantanément.

Tant que l'enfant a moins de sept ans et qu'il n'a pas achevé sa structuration œdipienne, il faut faire très attention à ne pas se substituer à l'un ou l'autre de ses parents. Le travail du psychanalyste doit alors se limiter à rétablir le dialogue entre l'enfant et ses parents et ne pas avoir d'autre but que de l'aider à se construire avec eux. C'est-à-dire lui permettre de s'identifier au parent de son sexe, en aidant ses parents à répondre à ses questions sur le sexe et la mort. Les aider lorsqu'ils se sentent débordés, ne comprennent plus ce qui se passe, ou répètent l'attitude de leurs propres parents sans même s'en rendre compte. Ce qui, souvent, ne demande guère plus de quelques séances.

La construction sexuelle de la fille

Encore plus que le garçon, la fille ne peut se construire s'il lui est interdit de se représenter la féminité de sa mère. Si celle-ci, en l'élevant, efface toute trace de sa sexualité et se refuse à lui expliquer ce qu'est une femme, c'est obligatoirement dramatique. Comme je l'ai montré ailleurs [1], elle

1. Didier Dumas, « La responsabilité des parents dans la constitution de la névrose », *Sans père et sans parole*, Hachette-Littératures, 1999.

n'a alors pas d'autre choix que de devenir hystérique. Pour que son énergétique sexuelle puisse normalement se construire, il faut, comme l'a expliqué Françoise Dolto [1], qu'elle soit informée de l'anatomie de son sexe dès trois ans, qu'elle comprenne qu'elle possède un vagin, un utérus et des ovaires, qu'elle sache que ces organes, une fois matures, lui permettront de donner vie, et que la forme de son sexe est liée au fait qu'il sert à accueillir celui de l'homme.

Loin d'expliquer cela, les revues pour les parents présentent une théorie de la construction sexuelle féminine qui date, elle aussi, du début du siècle. « De son côté, y lit-on, la fille sait que le garçon a quelque chose qu'elle n'a pas. Passé le premier sentiment d'indifférence, elle se montre jalouse de cet organe qu'elle n'a pas. Elle reste convaincue que "ça" (son clitoris) grandira un jour. Elle se met alors à imiter les garçons en voulant faire pipi debout [2]. »

Que des femmes puissent encore, des années après la mort de Françoise Dolto, présenter la construction sexuelle de la fille comme une affaire centrée sur la douleur de ne pas avoir de pénis, est assez stupéfiant. Le problème que pose son sexe à la petite fille vient tout d'abord de ce qu'il est caché, interne. Le garçon est obligatoirement plus radicalement confronté au sien, par ses érections. La fille, elle, ne peut pas savoir ce qu'est le vagin si on ne l'en informe pas. Pour cela, il est indispensable que sa mère lui en parle et le fasse aux premières questions, c'est-à-dire vers trois ans.

Dès que la petite fille a compris que le vagin est le complément du pénis, elle devient fière du pouvoir que

---

1. Françoise Dolto, *Le Féminin*, Gallimard, 1998.

2. Maryse Damiens et Gisèle Ginsberg, *Enfant Magazine*, juin 1996.

cela lui confère et n'a plus aucune raison d'être jalouse des garçons. Il est donc assez monstrueux de continuer, à notre époque, de laisser croire aux parents que les filles se construisent dans la jalousie du sexe viril. Là encore, on montre qu'on a bien lu Freud, en se référant à ce qu'il a écrit : que la fille ressent le manque de pénis « comme un préjudice et une cause d'infériorité » dont elle se console en nourrissant « l'espoir d'obtenir plus tard, en grandissant, un appendice aussi grand que celui du garçon [1] ». Mais en reprenant à la lettre ce qu'écrivait le fondateur de la psychanalyse il y a une centaine d'années, on oublie de dire qu'il a ajouté que la sexualité féminine était pour lui un « continent noir » : un domaine qu'il n'avait pas eu le temps de vraiment explorer. De plus, que la fille puisse être jalouse du garçon ou que le garçon puisse regretter de ne pas être une fille ne dit rien de leur construction sexuelle.

Freud n'a jamais expliqué comment se construit le sexe de la femme. Il a laissé cela aux générations futures. Continuer à en parler sans la moindre référence à ce qui en a été compris depuis est donc, au regard de la place qu'occupe actuellement la féminité dans notre évolution sociale, assez scandaleux. La revendication phallique de la fille existe. Le désir du garçon d'avoir des seins aussi. Mais faire croire aux parents que la construction sexuelle des filles se limite au trépignement de ne pas avoir de pénis est d'autant plus stupide qu'on ne leur dit pas un mot sur ce qui est nécessaire à cette construction.

Dire qu'en pissant debout les filles veulent imiter les garçons l'est déjà moins. Jouer à savoir si l'on urine mieux

1. Freud, « La disparition du complexe d'Œdipe », *La Vie sexuelle*, P.U.F., 1969, p. 121.

debout ou assis permet aux enfants de construire les repères de la différence entre hommes et femmes. Si ce n'est que, pour pouvoir jouer à avoir l'autre sexe, il faut déjà savoir quel est le sien. Ce qui ne supprime rien au regret de ne pouvoir être que fille ou garçon.

Ce qui intrigue les filles, chez les garçons, est que leur sexe a la forme d'un robinet qui permet d'en diriger le jet où ils veulent. On peut donc comprendre qu'elles puissent avoir envie de jouer à uriner comme eux. Mais en conclure qu'elles le font en étant persuadées que leur clitoris va grandir est tout à fait délirant. La fille ne perçoit pas le clitoris comme un tuyau, mais comme un bouton. C'est un bouton de plaisir qui lui permet de penser que le tuyau du garçon en procure aussi. Si elle rêve de voir grandir quelque chose, ce n'est pas son clitoris, mais ses seins.

De tels propos encombrent donc les parents plus qu'ils ne les aident. Ils sont faux. Ils ne leur apportent rien qui leur permette de mieux comprendre leurs enfants. Mais surtout, ils leur évitent de prendre en charge ce qui les concerne eux, puisqu'ils laissent dans l'ombre ce qu'il faut les aider à comprendre : que l'enfant construit sa sexualité à partir de ce qu'ils en disent et en expriment.

La seule chose qui différencie la sexualité humaine de celle des autres mammifères est qu'elle se construit dans le langage. Les mœurs ayant considérablement évolué depuis Freud, il est rare de rencontrer à notre époque des petites filles qui croient qu'elles sont pourvues d'un pénis qui va bientôt pousser. Lorsque c'est le cas, cela vient soit de ce que leur mère est incapable de parler de sexualité et que la fillette n'arrive donc pas à imaginer qu'elle est faite comme elle, soit de ce que tout ce qu'elle l'entend dire lui laisse penser que les mamans en ont un. Pour que la petite fille sache qu'elle n'a pas de pénis, il faut que sa mère lui explique que les femmes n'en ont pas, mais qu'elles ont un organe complémentaire qui est tout aussi merveilleux, puisqu'il accueille le sexe de l'homme, permet de s'aimer et de faire des enfants.

Les enfants croient tout ce que leur disent leurs parents. Si sa mère dit à la petite fille : « Tu as un pénis, il est petit, mais il va pousser », elle le croira de la même façon que si elle lui dit : « Tu as un vagin, des ovaires et un utérus comme toutes les femmes. » Mais, pour qu'elle puisse se forger une image correcte de son sexe, il faut qu'elle l'apprenne de sa mère dans sa quatrième année. De cela, les journaux pour parents ne disent pas un mot. Plus grave, ils présentent sa construction sexuelle comme s'il était naturel que la fille découvre toute seule les mystères de son sexe : « Malheureusement, elle doit se rendre à l'évidence : son sexe ne pousse pas ! Elle doit y renoncer[1]. »

Ce genre de propos devient totalement délirant lorsqu'on y ajoute que son besoin de séduire est la légitime compensation de cet inévitable manque : « Une fois ce travail de "deuil" terminé, elle compense par un intérêt croissant pour les vêtements, les bijoux et les parfums de toutes sortes[2]. » Et, comme si l'on voulait rassurer les parents sur le fait que tout cela ne concerne en rien son rapport aux garçons, on précise que « c'est d'abord pour se plaire à elle-même que la fille se pare[3] ». Cela revient à dire que la fille, n'ayant pas de sexe, doit faire des efforts désespérés et surhumains pour arriver à se plaire. Ce qui

---

1. *Enfant Magazine*, juin 1996.
2. *Ibid.*
3. *Ibid.*

est totalement ridicule. Être femme, c'est comprendre en quoi l'on intéresse les hommes, et apprendre à les séduire fait partie intégrante de la construction sexuelle féminine.

Trouver de tels propos dans les journaux pour parents est d'autant plus grave que nous traversons une époque où la sexualité n'est plus vécue de la même façon d'une génération à l'autre. Le monde occidental est actuellement confronté à une évolution des mœurs sans précédent dont le premier ressort est le statut des femmes. En cinquante ans, la société a totalement changé. Aujourd'hui, la femme n'est plus la même que du temps de Freud, or on continue à la présenter comme un individu souffrant de ne pas avoir de pénis, en essayant de faire croire aux mamans que les filles se maquillent, non pas pour faire comme elles, mais pour compenser ce manque.

La parure ne joue-t-elle pas un rôle important dans la séduction ? Pourquoi les femmes se mettent-elles du rouge à lèvres, du noir aux yeux ou des boucles d'oreilles, si ce n'est pour mettre en valeur la dimension réceptive des orifices avec lesquels on accueille mentalement l'autre. La sexualité humaine étant langagière, lorsqu'un homme désire une femme, il commence par lui faire la cour. On appelle cela « se déclarer », car dans ce cas, les paroles sont vécues comme phalliques. Quand une femme veut séduire un homme, elle se garde bien de lui tenir un beau discours qui l'installerait en position passive. C'est lui qu'elle fait parler. Elle l'écoute en faisant fonctionner ses oreilles, ses narines, ses yeux, tout ce qui est féminin en elle. Elle le questionne sur son métier ou tout autre domaine où il se sent brillant, et si elle agit ainsi, c'est afin que cet échange verbal puisse préfigurer ce qui se passe dans la sexualité.

L'œdipe féminin ne repose pas sur le regret de ne pas

être un homme. Lorsque la petite fille découvre que le pénis du garçon lui est destiné, elle ne se sent pas du tout amoindrie d'être différente de lui. En revanche, il lui est impossible de réaliser cela sans une parole et par ses seuls moyens. Comment peut-elle en effet se construire si, au lieu de lui expliquer la différence des sexes, on part du fait qu'elle vit le sien comme un organe mutilé ? Il faut, lit-on dans une autre revue, la « rassurer sur sa normalité, en lui expliquant que tout le monde a un zizi, mais que ceux des filles et des garçons sont différents [1] ». Comme si être une fille était obligatoirement vécu comme une chose anormale.

Toutes les petites filles posent la question de la féminité à leur mère. Or lorsque celle-ci ne sait pas leur répondre ou interdit d'en parler, cela marque leur construction affective et sexuelle d'une façon indélébile. Contrairement au garçon, la fille n'idéalise pas le sexe de son père dans ses rêves œdipiens. Pour elle, le sexe paternel éclaire le mystère de l'utérus. Elle n'est pas, comme le garçon, pourvue d'un objet qui lui permet de se différencier de sa mère. Et si celle-ci est incapable de lui expliquer ce qu'est une femme, il lui devient impossible de se projeter dans l'avenir et d'être fière du pouvoir de son sexe.

Ce que l'on trouve dans les revues peut être encore plus surprenant : « À trois ans, votre petit vous demande pourquoi sa sœur n'a pas de zizi. Dites-lui qu'elle en a un, mais caché entre ses jambes et dans son ventre [2]. » Ce qui revient à effacer toute différence sexuelle et à faire croire au garçon que sa sœur n'est qu'en apparence différente de lui, ou que lui-même ne possède rien qui le différencie de sa mère. Or,

1. Sylvia Vaisman, revue *Quo*, août 1998.

2. Revue *Famili*, juillet 1998.

laisser croire aux garçons que les filles ont un « zizi caché dans le ventre » revient à leur ouvrir toutes grandes les portes de la perversion.

À défaut de paroles correctes, la sexualité de l'enfant se construit à partir de ce qu'il en perçoit dans son propre corps. S'il lui est impossible de se représenter le sexe de sa mère, le garçon peut croire qu'elle est, comme lui, pourvue d'un « tuyau ». Freud a d'ailleurs pensé que le fétichisme des hommes reposait sur cette croyance infantile. Pour lui, talons hauts, jarretelles, vêtements de caoutchouc et autres fétiches masculins sont un substitut du pénis imaginaire que le tout petit enfant a attribué à sa mère. En réalité, si les parents n'offrent pas au garçon une vision claire de la sexualité adulte, il s'en donne une à partir de ses propres moyens. S'ils ne lui permettent pas de comprendre que la femme est pourvue d'une ouverture propre à la sexualité, il imagine que cela s'effectue par les orifices dont il connaît l'usage : la bouche ou l'anus. Ce qui fait qu'une société qui ne sait pas informer correctement les enfants engendre des adultes dont la sexualité est envahie par toutes sortes de fantasmes oraux et anaux.

Les choses n'existent vraiment pour l'être humain que si elles trouvent place dans le langage. La sexualité n'échappe pas à cette règle. Lorsqu'elle n'en a pas, elle ne peut plus exister ailleurs que dans l'inconscient et les fantasmes. Elle reste enfouie au plus profond de l'appareil psychique. Or, à n'avoir le droit d'exister que dans les fantasmes, et jamais dans les mots, elle fascine ou elle fait peur, mais elle n'est plus pensable.

Comme nous le verrons plus loin, le fantasme est une sorte de « propos archaïque » que l'individu s'adresse à lui-même. Ce « propos » est plus ou moins compréhensible, car il est écrit dans une « langue ancienne », celle des images et autres signes à travers lesquels la sexualité s'est, tant bien que mal, représentée dans le cerveau de l'enfant. L'individu ne comprend donc généralement ses fantasmes qu'à moitié. Lorsque ceux-ci le persécutent ou l'obsèdent, cela indique que la sexualité était présente dans la tête de l'enfant, mais sans pouvoir en sortir, sans qu'il puisse en parler.

Comment Léa demanda à divorcer de ses parents

Léa, une petite fille de dix ans, avait été placée dans un hôpital pour enfants psychotiques où je travaillais, alors que rien ne le justifiait. Elle ne souffrait que d'abandon. Cela faisait plusieurs années qu'elle passait tous ses dimanches à attendre ses parents. Dans chacune de leurs lettres, ils lui promettaient de lui rendre visite le dimanche suivant, mais ne venaient jamais. Un jour, son éducatrice prit rendez-vous avec moi pour me demander de l'aide. Léa provoquait chez elle des crises d'hystérie qu'elle n'arrivait pas à maîtriser. Elle la mettait dans un état semblable à celui de certaines mères qui entrent comme des bolides dans notre bureau, en poussant leur fillette devant elle et en gémissant : « Elle me rend folle ! Elle me rend folle ! » Ces mères sont toujours des femmes qui ont été élevées sans la moindre parole sur la sexualité et reproduisent le comportement de leur propre mère sans même s'en rendre compte. Au moment où, grandissante, leur fille les questionne sur la féminité, elles ne comprennent rien au drame que cela crée entre elles deux. Le désir de savoir de l'enfant les bouleverse outre mesure, car ses questions remettent en scène un épisode de leur enfance qui a été beaucoup plus traumatique qu'elles ne veulent se l'avouer. Dans ce cas, devenir mère leur a permis d'oublier l'épouvantable angoisse qu'a soulevée, à leur adolescence, le fait de devoir affronter la sexualité sans rien en savoir. Elles ont trouvé dans la maternité l'assurance qu'elles étaient bien une femme, mais, reproduisant leur mère avec leur fille, elles se retrouvent incapables de répondre à ses questions et en deviennent complètement hystériques.

Bref, cette éducatrice me raconte qu'elle vient d'entreprendre une psychanalyse, mais que celle-ci n'y suffit pas, que Léa continue à la faire « dérailler » et qu'elle aimerait que je la prenne en thérapie. Je lui réponds que c'est à Léa d'en formuler la demande, en ajoutant que, vu son âge et sa situation, je la recevrai si elle le fait. Quelque temps plus tard, Léa prend rendez-vous. Elle me dit qu'elle veut me parler d'elle et de sa famille. Je lui propose un contrat de travail, en lui demandant de m'apporter un dessin à chacun de nos rendez-vous.

À partir de là, elle m'a consulté, sans plus rien dire, pendant exactement neuf mois. Elle ne faisait rien d'autre que mon portrait. À chacune de ses séances, elle m'apportait, comme convenu, un dessin, toujours le même : mon portrait. Elle me le donnait, mais elle n'avait rien d'autre à dire. Elle restait avec moi, tranquille, souriante et heureuse, le temps de sa séance, et je n'arrivais plus à lui soutirer la moindre parole. Au mieux, si je lui demandais : « Tu vas bien ? », elle répondait : « Ça va ! » Je ne comprenais donc pas grand-chose à ce que cette enfant faisait dans ces rendez-vous silencieux. Mais, comme elle arrivait, à chaque séance, avec son dessin, j'avais la preuve qu'elle désirait y venir et qu'elle savait donc ce qu'elle venait y faire, même si elle ne parvenait pas à le formuler. Au bout de neuf mois, elle me déclara : « Ça y est, j'ai fini. Je n'ai plus besoin de toi. » Je lui avais dit, le premier jour, que c'était à elle de décider si elle avait besoin de venir me voir. Je la laissai donc faire, sans avoir davantage compris ce qui s'était passé en elle durant ces neuf mois.

Six mois plus tard, l'éducatrice reprend rendez-vous et me dit : « Vous avez été formidable. Je suis venue vous remercier du travail que vous avez fait avec Léa. » C'est ainsi que j'ai découvert ce qu'avait concocté cette enfant dans son transfert sur moi. Après avoir interrompu nos rencontres, Léa était allée voir la directrice de l'institution pour lui dire qu'il n'était plus possible d'avoir des parents menteurs. Elle lui avait demandé de pouvoir rencontrer un juge pour enfants. La directrice en avait parlé à son éducatrice et toutes deux l'y avaient aidée. Léa avait ainsi demandé au juge un désaveu parental qu'elle avait obtenu. Elle lui avait expliqué qu'elle voulait divorcer de ses parents et être adoptée par d'autres, mais qu'elle ne voulait pas divorcer de ses frères et sœurs.

Cet épisode de l'histoire de Léa est assez représentatif de ce qu'est l'œdipe des petites filles dans notre société. Celles-ci se retrouvent entourées de femmes qui ne disent mot de leur sexualité. L'œdipe de la fille est ainsi généralement beaucoup plus silencieux que celui du garçon. En s'identifiant à leur mère, les filles reprennent à leur compte sa façon de ne jamais parler de sexualité. Si la mère est tranquille et heureuse dans sa sexualité, tout va à peu près bien. Mais si elle a elle-même été élevée sans aucune éducation sexuelle et le reproduit sans en être vraiment consciente, le besoin de la petite fille de comprendre la sexualité se heurte à l'absence de structuration œdipienne de la mère. Ce sont alors, en premier, les mères qu'il faut pouvoir aider à comprendre ce qui leur arrive avec leur fille.

Léa n'avait pas pu s'identifier à sa mère qui, la croyant psychotique, l'avait abandonnée. Elle avait donc transféré sur son éducatrice la mère qui lui manquait. Mais celle-ci, ayant elle-même été élevée sans aucune parole sur la sexualité, s'était retrouvée débordée. Léa s'était rendu compte que son éducatrice était très amoureuse de son psychanalyste. Après que celle-ci fut venue me voir et lui eut proposé de me rencontrer, elle avait donc pris rendez-vous pour voir si elle aussi allait devenir très amoureuse de moi. Mais, en fille sage qui avait compris que les femmes ne parlent jamais de ces choses, et encore moins aux messieurs, elle s'était abstenue de toute parole. Elle m'avait ainsi fréquenté neuf mois sans m'adresser la parole, mais en me faisant fonctionner comme un père entre elle et son éducatrice, ce qui lui avait permis de faire avec nous l'œdipe qu'elle n'avait pas pu faire avec ses parents et de prendre sa vie en main.

Apprentissage et autorité

L'époque des « pères sévères » est révolue. Soucieux de ne pas reproduire le comportement de leurs propres parents, les parents ne veulent plus régler les conflits par une fessée ou une gifle. Ils cherchent des conseils dans les revues spécialisées, qui les engagent à affermir leur autorité : « Dites-lui avec calme et autorité : "Va dans ta chambre",

“Attention, je vais me fâcher” ou “C’est moi qui décide”. Cessez de vous identifier à lui et de vous répéter : “Je ne lui imposerai pas ce que je ne voudrais pas qu’on m’impose”. Lui, c’est lui, vous, c’est vous[1] ! » Mais à une mère qui demande : « Est-ce de leur dire trop souvent non qui les pousse à dire non très tôt ? », le « spécialiste » répond : « Il vaut mieux peu de non mais vraiment fermes, que plein de petits non mous[2]. » Ce qui ne répond pas du tout à la question que se pose cette maman.

Tout le monde sait qu’entre deux et quatre ans, les enfants traversent une période où ils répondent non à tout. Cette mère aimerait en connaître la raison. Non seulement la revue ne propose pas de réponse à sa question, mais elle y substitue une « recette pédagogique », sortie d’on ne sait quel panier de grand-mère. Elle n’explique pas que ce moment où l’enfant dit « non » correspond à une étape importante dans l’acquisition du langage et la construction de la personnalité. Elle répond en « super-parent » qui, chargé d’éduquer les mamans, restaure insidieusement des pratiques éducatives qu’on croyait révolues.

Lorsqu’un petit enfant répond non à tout ce qu’on lui propose, ce n’est ni parce qu’on ne l’a pas assez puni, ni parce que sa mère lui a elle-même trop souvent répondu non, mais parce qu’il traverse le « stade magique de la parole » ou n’en est pas encore pleinement sorti. L’enfant est un être de langage dès sa naissance. Bébé, il comprend tout ce qui se passe et se dit autour de lui. Il lui faut néanmoins apprendre à parler, ce qui prend deux à trois ans et s’effectue en plusieurs temps. Lorsqu’il prononce ses

1. *Enfant Magazine*, n° 261, mai 1996.
2. *Ibid.*

premiers mots et n'en maîtrise encore que quelques-uns, il les utilise, une fois sur deux, à tort et à travers. À ce stade de l'acquisition du langage, les mots fonctionnent comme des formules magiques qui résument et totalisent la pensée. Ils ne s'articulent pas encore dans des phrases. Ce sont des « mots magiques » qui n'ont pas d'autre fonction que d'affirmer l'existence de son propre désir [1].

« Non » est très souvent l'un de ces premiers mots, car c'est en lui-même un « mot magique ». Dans l'évolution de l'enfant, « non » est le mot par lequel il prend conscience de son propre désir. Si l'enfant ne peut pas dire « non » à sa mère, il lui devient impossible d'acquérir un désir propre. Lorsqu'il était bébé, celle-ci décidait tout pour lui. En commençant par lui répondre non, il découvre son droit à pouvoir décider lui-même. Il en prend possession et affermit son « je », car l'âge où il dit non à tout est celui où cette instance se construit.

Cette période est un tournant qui précède l'assurance du « je veux ». Elle est fondamentale dans la construction de l'enfant, car c'est à partir d'elle qu'il va pouvoir, peu à peu, se prendre en charge, assumer lui-même l'entretien de son corps et en déposséder ses parents. Si sa mère se sent débordée par ce non systématique, il suffit qu'elle lui dise, avec ses mots à elle, qu'elle a compris cela, et que, maintenant, c'est lui qui doit apprendre à mieux formuler ses demandes. En agissant ainsi, au lieu de le bloquer dans son désir de parler, elle en accélère le processus.

Les revues spécialisées éludent les vraies questions. N'y

1. Comme dans le cas de ce petit garçon pour qui tout était « chaud ». Voir Didier Dumas, « La magie du premier mot », *Sans père et sans parole*, *op. cit.*

répondant qu'à moitié ou pas du tout, elles resservent aux parents des méthodes pédagogiques qui sont celles de nos grands-parents. « Évidemment, y lit-on encore, cela nous fend le cœur de punir. À tel point que, bien souvent, nous n'allons pas au bout de nos intentions. C'est dommage, parce que la simple menace ne résout pas le problème... au contraire [1]. » Cette insidieuse façon de restaurer l'époque du martinet et du père Fouettard n'épargne pas les revues entièrement consacrées aux bébés : « Ce tout petit qui gazouille à peine, est-il assez "solide" pour supporter de se faire gronder ? Une chose est sûre. Il est déjà capable de vous faire tourner en bourrique ! Capable aussi de tout pour tester vos limites, même s'il est encore à l'âge de téter le sein maternel ! On peut – on doit ! – être autoritaire avec bébé, dès son plus jeune âge, pour éviter d'être plus tard dépassé par les événements ! Mais bien sûr avec un peu plus de douceur que lorsqu'il s'agit d'un enfant de deux ou trois ans, et seulement au sujet d'interdits qu'il peut comprendre et respecter [2]. » « Par ses bêtises, l'enfant cherche à savoir qui commande, il faut lui répondre. C'est à vous de savoir ce qui est bon pour votre enfant, vous êtes là pour poser des limites... L'éducation est un rapport de forces. Chacun utilise ses propres armes [3] ! » Ou encore : « Qui va être le chef ? Entre bébé et vous, il faut choisir... Fixer des limites, c'est bon pour les enfants... et pour les parents... Un enfant se construit à partir de ce qu'on lui donne mais aussi de ce qu'on lui refuse. Il a besoin de limites, de panneaux indiquant les limitations de vitesse.

1. *Enfant Magazine*, mai 1996, n° 261.
2. Valérie Loiselet, *Infobébés*, juin 1996.
3. *Enfant Magazine*, mai 1996, n° 261.

Comme il ne peut pas vous les réclamer, il s'arrange pour vous amener à sortir de votre réserve. N'hésitez donc pas à hausser le ton, mais surtout à appliquer les punitions “légères” que vous avez promises [1]. »

Prôner l'autorité avec un bébé est aberrant. Le bébé est totalement dépendant de sa mère. C'est donc tout d'abord cette dépendance qui fait autorité. À cet âge, la mère a vis-à-vis de l'enfant un pouvoir de vie et de mort que celui-ci vit encore comme absolu. Il est donc dangereux d'amplifier cela par des cris, des fessées ou toute autre violence.

À une époque où les psychanalystes d'enfants expliquent un peu partout que la seule chose importante, avec les bébés, est de savoir leur parler, il est incroyable de découvrir de tels propos dans des revues qui prétendent divulguer un savoir de pointe. Lorsqu'un bébé pleure parce qu'il a faim ou soif et que vous lui expliquez que son biberon est en train de chauffer, il lui devient deux fois plus facile d'attendre. Pour lui, l'autorité est la parole. Il suffit pour cela qu'elle lui soit adressée. Lorsque les enfants sont capricieux, turbulents ou refusent d'obéir, la question n'est pas de savoir s'il faut être plus autoritaire, les punir avec sévérité ou les frapper. Il s'agit de comprendre qu'ils se comportent ainsi en réponse à la façon dont les adultes leur parlent. Si les parents n'arrivent pas à les tenir, c'est tout simplement qu'ils ne prennent pas assez de temps pour parler avec eux. Dans ce cas, les coups n'arrangent rien et risquent au contraire d'aggraver la situation.

Les coups, étant une forme archaïque de parole, sont vécus par l'enfant comme une impuissance à parler. Ce qui

1. Valérie Loiselet, *Infobébés*, juin 1998.

n'enlève rien au fait que les enfants se plaignent rarement d'avoir reçu une baffe ou une fessée lorsque celle-ci était méritée. Les coups étant pour eux une forme larvée de la parole, « mieux vaut cela que rien », se dit alors inconsciemment l'enfant qui l'interprète comme une preuve d'amour. Ainsi lorsque, dans les cures d'adultes, un homme, souffrant d'un manque de parole de son père, nous parle des quelques volées que celui-ci lui a administrées suite à de quelconques bêtises, il a souvent un sourire jusqu'aux oreilles, comme pour signaler que ces volées ont au moins eu l'avantage de lui monter que son père s'intéressait à lui et l'aimait. Si l'individu reproche alors quelque chose à son père, ce n'est pas de lui avoir donné des coups, mais de les lui avoir administrés à la place de toute autre parole. Pour l'enfant, ce n'est pas le coup qui est important, mais ce que « dit » son père ou sa mère en le frappant. Inversement, s'il a été puni pour quelque chose qu'il n'a pas fait, quarante ans plus tard, alors qu'il en parle à son thérapeute, il fond en larmes, retrouvant celles qu'il n'a pu verser enfant. Lorsqu'on est parent, il ne s'agit donc pas de savoir s'il est bien ou mal de donner une gifle, mais d'être attentif à ce que dit ce coup et à ce que l'enfant en comprend.

Les enfants dressés à coups de punitions et ceux qui sont gâtés présentent des symptômes souvent très différents, mais ayant néanmoins une cause semblable.

L'enfant gâté est souvent un enfant insatisfait de tout. Ses parents lui offrent un train électrique. Il le casse. Ils le remplacent par un vélo. Il le boude, déclarant qu'il voulait un jeu électronique. On lui en achète un. Trois jours après, il n'en veut plus. Ses parents sont excédés. L'enfant rejette tout ce qu'ils lui proposent. Or pourquoi se comporte-t-il ainsi ? Parce que la montagne de cadeaux dont ils le couvrent ne vise, inconsciemment, rien d'autre qu'à faire de lui un enfant à vie. Elle ne lui offre pas la possibilité d'imaginer le futur de sa vie. En le gâtant, ses parents l'enferment dans un statut d'enfant qui ne lui permet pas de penser à comment il va pouvoir grandir et devenir adulte. C'est en jouant à l'être que l'enfant le devient. Car comme l'a longuement expliqué Donald W. Winnicott dans son dernier livre [1], si le jeu ne sert pas à cela, il ne sert plus à rien. Voilà donc pourquoi l'enfant est éternellement insatisfait.

Celui qui, dressé, est puni à la moindre désobéissance, y réagit, lui, par des somatisations inexplicables, des obsessions ou autres bizarreries. Or dès qu'on y regarde de plus près, les symptômes de l'enfant expriment toujours la même chose : « Pour répondre au désir de mes parents, j'essaie de ne pas grandir. » L'enfant est donc dans la même situation que celui qui est inondé de cadeaux. Car le besoin qu'ont ses parents de l'éduquer avec fermeté repose sur un désir inconscient de même nature : qu'il reste un enfant à vie. Les parents qui se comportent ainsi sont des individus qui ont totalement oublié qu'ils ont eux-mêmes été des enfants. Pour cette raison, ils n'arrivent pas à penser que leur rôle est de mettre au monde des adultes, et dans ce cas, la seule intervention thérapeutique efficace est de leur permettre de reprendre contact avec l'enfant qu'ils ont été.

Tous les thérapeutes d'enfants le constatent : dans l'actualité de notre culture, le premier handicap du développement de l'enfant est généralement le narcissisme des parents qui, tout heureux d'avoir fait un enfant, en oublient la plupart du temps qu'il leur reste à en faire un adulte.

---

1. Donald W. Winnicott, *Jeu et réalité*, Gallimard, 1975.

Cela au point de se retrouver totalement débordés, si ce n'est démissionnaires, à son adolescence. Il y a donc de quoi être effrayé par l'état des théories, opinions et vieilles recettes avec lesquelles les revues spécialisées divulguent ce genre de conseils. Elles ne soulignent jamais que le rôle des parents est de permettre à leurs enfants de devenir des adultes, ni ne les invitent à considérer la parole comme le seul outil pédagogique valable. En revanche, à l'aide de « Soyez fermes », elles les engagent, au mieux, à « jouer à la poupée », au pire, à adopter des méthodes de dressage valables pour un jeune chien, mais dangereuses pour un enfant, et encore plus pour un bébé.

« Je n'arrive à lui inculquer aucune règle »

Paul a dix ans. Il souffre d'énurésie nocturne. Son père m'appelle sur les conseils de son propre thérapeute et je les reçois tous trois, Paul et ses parents. Je m'adresse en premier à Paul pour savoir s'il voit une raison à ce pipi au lit nocturne. Il n'en voit aucune.

– As-tu des frères et sœurs ?

– Non.

– Parlons un peu de ta famille.

M'adressant à ses parents :

– J'aimerais savoir comment vous avez conçu cet enfant et pourquoi il est fils unique.

Les parents me racontent leur vie. Je les interroge sur leurs parents et leurs fratries pour savoir s'ils sont, l'un ou l'autre, enfant unique. Le père m'apprend qu'il a eu un premier enfant, une fille, avec une autre femme. Il est, lui-même, l'enfant unique de sa mère, mais il a une demi-sœur que son père a eue avec une première femme. Je lui fais remarquer que sa sexualité reproduit ainsi celle de son père et je m'adresse à sa femme. Elle m'apprend qu'elle a un frère de deux ans et demi plus jeune qu'elle. Je lui demande alors :

– Pourquoi n'avez-vous eu qu'un seul enfant ? Est-ce par choix ou pour une autre raison ?

– Nous en voulions un autre, mais j'ai fait une fausse couche et, après, nous n'en avons plus voulu.

– Et quel âge avait Paul ?

– Deux ans et demi.

– Cette fausse couche est donc arrivée lorsqu'il avait l'âge où vous avez vu naître votre petit frère.

– Oui.

La psychanalyse de l'enfant implique de comprendre comment ses parents l'ont conçu, de savoir si sa conception reproduit le modèle de leurs propres parents, ou s'en démarque. Il est donc, à mon sens, indispensable de commencer par une brève exploration transgénérationnelle qui leur permette d'en prendre conscience. En effet, comme je l'ai montré dans mes livres précédents, la construction œdipienne de l'enfant n'est pas qu'individuelle. Elle est aussi transgénérationnelle. Et lorsque la sexualité est exclue du langage, elle peut même se limiter à une duplication inconsciente de celles de ses parents.

Normalement, la maturation œdipienne est ce qui permet de défaire sa peau de bébé pour devenir un enfant. Celle-ci s'effectue grâce aux paroles qui permettent à l'enfant de comprendre l'existence de la sexualité et de la mort. Encore faut-il que les parents soient capables de lui en parler. S'ils ne le peuvent ou s'y refusent, sa construction sexuelle s'opère tout de même, mais elle se limite alors à une duplication inconsciente des structures œdipiennes des parents. En s'identifiant à l'un ou l'autre de ses parents, l'enfant copie et s'approprie son fonctionnement sexuel d'une façon semblable à celle qui lui a permis de parler leur langue. Ce faisant, il reprend également à son compte les défauts de construction sexuelle de ses parents. C'est la raison pour laquelle, lorsqu'on reçoit un enfant, on ne sait jamais si ce dont il souffre lui appartient en propre ou est un héritage de ses parents et grands-parents.

En ce qui concerne Paul, ce n'est pas dans sa vie éveillée, mais lorsqu'il dort, qu'il perd la maîtrise de sa vessie et de son sexe. Cette forme d'énurésie est donc à considérer comme une régression nocturne à un stade antérieur de son développement, celui où, fœtus, il pouvait uriner dans le ventre de sa mère. Elle se présente comme un défaut de construction œdipienne qui l'encombre, lui, mais qui, s'exprimant la nuit, dans l'inconscient, s'enracine, comme nous allons le voir, dans le « vide œdipien » de sa mère, comme si le symptôme de Paul cherchait à dénoncer ce dont souffre ou a souffert sa mère qui, comme beaucoup d'autres femmes, a été élevée sans la moindre parole sur la sexualité.

En ce sens, Paul souffre en sa mère. Pensant qu'il faut probablement chercher de ce côté, je m'adresse à lui :

– Est-ce que tu fais des rêves ?

Il ne se souvient que d'un seul, mais comme toujours, lorsqu'on pose cette question à un enfant, il me raconte précisément celui qui concerne son problème.

– J'ai rêvé que j'ai trouvé une montre.

– Était-ce une montre qui existe dans la réalité ?

– Oui, une montre que j'ai perdue.

Son père alors intervient :

– Mais il n'y a pas que son pipi au lit. Il y a surtout qu'il ne comprend pas les règles ! Je n'arrive à lui inculquer aucune règle !

Je suis attentif à cette intervention. Ce père a éprouvé le besoin de me dire cela au moment où Paul me racontait un rêve. J'entends donc ce qu'il me dit comme un propos concernant le rêve de son fils, car de quoi a rêvé Paul ? Il a rêvé qu'il retrouvait quelque chose de perdu et que ce quelque chose était une montre. Dans les rêves, la montre représente souvent le temps et la périodicité. Dans ceux des femmes, elle symbolise fréquemment les règles qui, périodiques, ponctuent le temps biologique de leur fertilité. Or sa mère vient de me raconter qu'elle a eu un arrêt de règles lorsque Paul avait deux ans et demi, mais que celui-ci s'est conclu par une perte : une fausse couche. J'entends donc qu'en me disant : « Il ne comprend pas les règles », c'est de cela que me parle son père. Lui-même pensait bien sûr aux règles sociales, aux règles de la vie, mais à un niveau inconscient, n'est-il pas logique qu'il soit le premier à avoir perçu de quoi souffrait son fils et que ce soit donc lui qui m'en fournisse la clé ? Ne voulant toutefois pas interpréter trop brutalement ses paroles, je continue à m'adresser à Paul :

– Il est très intéressant, ton rêve.

Puis, je me tourne vers sa mère et lui demande :

– Est-ce que vous pouvez expliquer à Paul ce que sont les règles ?

Ouvrant de grands yeux, elle semble perdue, ne sachant quoi répondre. La voyant à ce point troublée, j'ajoute :

– Votre mère ne vous a-t-elle jamais expliqué ce que sont les règles ?

– Non, jamais !

M'adressant tour à tour à lui et à elle :

– Vous, vous consultez un thérapeute, et vous, vous avez une mère qui n'a jamais pris soin de vous expliquer ce qu'est une femme.

– Je vois aussi un thérapeute.

Me retournant vers son époux :

– J'aimerais savoir à quel âge vous avez découvert à quoi servaient les testicules.

– À l'adolescence.

Je leur explique ce que je pense de la façon dont leurs parents les ont éduqués, mais comme ils sont tous deux en thérapie, je me contente de leur donner les éléments qui leur permettront d'établir, dans leur travail personnel, un lien entre leurs propres problèmes et celui que leur pose leur fils. Puis, je demande à Paul :

– Et toi ? Est-ce que tu sais quelque chose de la sexualité ?

– Non, rien du tout.

Il en sait probablement beaucoup plus que ce que laisse entendre son « rien du tout ». Mais comment pourrait-il me répondre autre chose après ce que ses parents viennent de me dire ? Je lui réponds donc :

– D'après ce que je comprends de ton rêve, ce que tu aimerais savoir est ce qui s'est passé pour tes parents quand tu avais deux ans et demi et qu'ils ont perdu ce bébé. Ils n'ont pas pensé à t'en parler, car ils ont eux-mêmes eu des parents qui ne savaient pas parler de la sexualité aux enfants. Mais maintenant qu'on a compris ton problème, tu vas pouvoir parler de tout ça avec eux. Je vais tout de même t'expliquer ce que sont les cellules migrantes. Cela te permettra de comprendre comment la sexualité se transmet et tu pourras en parler avec ton papa.

J'agis ainsi, car il ne s'agit pas d'expliquer à Paul ce qu'il doit apprendre de son père, mais de leur donner à tous deux un support qui leur permettra d'en reparler. Le plus important dans cette séance n'est pas forcément ce qui se dit dans mon bureau, mais ce qu'ils vont, tous trois, pouvoir se dire après m'avoir quitté. Je choisis donc une histoire qui parle de la façon dont la sexualité se transmet :

– Quand les parents font l'amour, l'œuf se forme. Il le fait à partir d'une cellule du papa et d'une cellule de la maman. Dès qu'il s'est formé, il se divise, et la première division sert à fabriquer ce qu'on appelle les cellules migrantes. On les appelle ainsi car ces cellules migrent dans un coin de l'utérus et y restent à attendre. Pendant ce temps, dans l'autre coin, l'œuf continue à se séparer pour fabriquer d'un côté le placenta et de l'autre, le fœtus. Puis, au moment où le fœtus construit son propre sexe, les cellules migrantes qui étaient dans un coin viennent s'installer à l'intérieur du sexe et ce sont ces cellules qui donneront, plus tard, les spermatozoïdes chez l'homme et les ovules chez les femmes. C'est ainsi que la sexualité se transmet. Mais, pour en revenir à ton problème, je me demande s'il n'est pas lié au désir de consoler ta mère du chagrin qu'elle a eu en perdant un bébé lorsque tu avais deux ans et demi. Je me demande si ton pipi au lit ne proviendrait pas du désir de la combler, comme tu le faisais lorsque tu étais encore un fœtus. Pour une maman à qui la sienne n'a jamais expliqué ce qu'est la sexualité, c'est très important de sentir que son bébé bouge et se développe tout seul dans son ventre. Lorsque tu étais fœtus, tu urinais dans le ventre de ta mère. La nuit, quand on dort, on se retrouve dans un état semblable à celui du fœtus. C'est peut-être pour cela que tu fais pipi au lit. Comme si toutes les nuits, tu te retrouvais, tel un fœtus, à vouloir remplacer cet enfant que ta maman n'a pas pu avoir. Tu aimes très fort ta maman, mais tu n'as pas les moyens de lui faire un enfant. Ce n'est pas ta femme mais celle de ton père. Toi, tu seras en mesure de faire des enfants plus tard. Pour le moment la vie qui t'a été transmise est en sommeil dans tes testicules. Chez ton père, les cellules migrantes produisent des spermatozoïdes, alors que, chez toi, elles ne seront matures que quand tu deviendras un homme. À ton âge, tu as besoin de parler de tout cela avec ton papa, et si vous le faites, tu n'auras peut-être pas besoin de me revoir. Mais maintenant qu'on se connaît, c'est à toi d'en décider. Si ton pipi au lit ne se règle pas ou si autre chose te préoccupe, tu en parles à ton père et tu reviens me voir.

Lorsqu'on associe correctement les outils que nous a donnés Françoise Dolto à l'analyse transgénérationnelle, il n'est pas nécessaire d'engager les enfants dans un travail long et suivi. Surtout lorsque les parents en font déjà un. Ils nous consultent car quelque chose n'arrive pas à se comprendre et se dire entre eux et l'enfant. Notre rôle est de rétablir le courant pour qu'ils puissent eux-mêmes en parler. Nous n'avons pas à nous substituer aux parents, comme le font les psychanalystes kleiniens, en recevant les enfants six fois par semaine. Or, si nous prenons trop rapidement l'enfant en thérapie, c'est ce qui risque de se passer. En les laissant libres de nous rappeler, on leur permet de comprendre que les règles de la psychanalyse sont les mêmes pour les enfants et les adultes. L'enfant ne peut en effet en faire une qu'à la stricte condition qu'il le décide lui-même. Lorsque les parents reprennent rendez-vous, si l'enfant a compris cela, la moitié du travail est déjà faite, et les choses se règlent alors en quelques séances, voire en une seule, comme avec Paul qui n'a pas éprouvé le besoin de reprendre rendez-vous.

Qu'ai-je fait dans cette séance ? J'ai verbalisé pour tous trois ce que je comprenais, en y ajoutant l'histoire des cellules migrantes, afin de fournir à Paul et à son père de quoi parler après m'avoir quitté.

Le métier de parent

La parentalité est une affaire de transmission et non d'éducation. En invitant les parents à être fermes, à faire preuve d'autorité ou à imposer leur point de vue avec force, on les coince dans un rapport duel, sans même leur expliquer en quoi celui-ci est potentiellement destructeur pour leur enfant.

Le rapport duel l'est dans la mesure où la parole y disparaît, comme lorsqu'il sert entre deux hommes à régler un contentieux qu'aucun mot ne peut résoudre. Avec l'enfant, il n'est pas souhaitable. Pour pouvoir se construire, celui-ci a besoin de paroles qui nomment, apprennent et expliquent. Y substituer la menace ou instaurer un rapport de forces ne peut ni l'aider à se construire, ni l'initier aux lois de la vie. Les lois de la vie ne sont pas celles que l'on administre à coups de sanctions. Ce sont tout d'abord celles que les parents respectent. Si nous voulons que l'enfant les intègre, il faut lui montrer pourquoi nous les respectons et lui faire comprendre que la loi est ce qui permet de vivre en communauté dans le respect des autres. Mais il faut aussi lui expliquer la loi à laquelle les parents sont soumis : l'interdit de l'inceste, lui dire pourquoi ils n'ont pas le droit de faire de lui leur femme ou leur amant.

Nous faisons des enfants pour qu'ils puissent nous remplacer le jour où nous ne serons plus là. L'interdit de l'inceste nous protège du désir de les installer à jamais dans notre vie, en nous servant d'eux pour ne pas vouloir savoir que nous sommes mortels. Notre mortalité est la principale raison qui nous interdit de vivre notre sexualité avec nos enfants. Encore faut-il pouvoir leur dire que nous les avons faits pour cela. Expliquer à ses enfants que l'on est mortel est très important, car c'est ce qui fonde la particularité d'une relation de filiation. Nous mettons nos enfants au monde pour qu'ils transmettent à leur tour ce que nos parents nous ont donné. Telle est la loi qui régit les rapports de l'enfant et de ses parents, et lui expliquer cela, c'est lui « donner la castration », au sens où l'entendait Françoise Dolto.

Dans l'œuvre de Françoise Dolto, la « castration » n'est pas une menace, mais un don de paroles. Ce n'est en tout cas pas la loi, comprise comme le martinet ou le bâton que seul le père serait apte à tenir. C'est l'explication de règles qui concernent autant les parents que l'enfant : celles qui permettent que vie et mort se succèdent. Or cette loi-là ne peut être comprise par l'enfant que si ses parents y sont eux-mêmes soumis.

Les règles, les coutumes ou les lois propres à chaque communauté s'intègrent très tôt, à travers la communication préverbale qui relie l'enfant à ses parents et qui donne au bébé son sentiment d'exister, d'être unique, séparé et différent de tous les autres. Dans la construction mentale, les premières années de la vie sont les plus importantes. Or ce n'est pas l'éducation que les parents essaient consciemment de donner à leur enfant qui en est responsable, mais le fait qu'il vive avec eux sa première et, en cela, plus grande histoire d'amour. Le moteur du développement de l'enfant est en effet, tout d'abord, l'amour qu'il porte à ses parents. Cet amour est ce qui lui permet de s'identifier à eux et, ce faisant, de dupliquer leur langue, en intégrant leurs coutumes et leurs mœurs sans avoir besoin qu'on les lui enseigne. Si les parents sont vivants, heureux, et le traitent comme une personne à part entière, l'enfant se construit naturellement sans poser problème. Les parents n'ont alors besoin d'aucune pédagogie particulière, car la clé de son épanouissement se situe dans sa capacité à s'identifier à eux, alors que les sermons, les punitions ou la trique l'en empêchent.

Les parents pédagogues qui veulent « former », « éduquer », « faire entrer la morale », en s'y employant à coups de punitions, empêchent leur enfant de se développer correctement tout en croyant le contraire. En effet, en agissant ainsi, ils perturbent et briment sa capacité naturelle à s'identifier à eux. Car s'ils le punissent, sont trop violents ou trop sévères, l'enfant ne peut plus avoir envie de leur ressembler. Et comme ils sont son seul modèle de vie, il en perd tout désir de grandir. Ne pouvant plus s'identifier à ses parents, l'enfant l'exprime en faisant systématiquement le contraire de ce qu'ils attendent de lui. Il casse les jouets qu'on lui offre, devient un cancre ou se remet à mouiller son lit la nuit. Il exprime ainsi ce qu'il ne peut dire autrement : que ses parents l'empêchent de pouvoir pleinement les aimer, et qu'ayant perdu toute envie de grandir, il en est le premier désespéré.

Lorsqu'on est thérapeute d'enfants, ce qu'il faut fréquemment expliquer aux parents est que le développement psychique de leur enfant dépend de sa capacité à s'identifier à eux. L'enfant ne s'identifie en effet pas à un papa ou une maman, mais à la façon dont eux-mêmes existent. Or les parents existent, comme tout le monde, en premier, dans leur sexualité. C'est donc de l'assumer qui, contrairement aux idées transmises par la culture ou la famille, est le premier garant de la santé psychique de leur enfant. Il est important de permettre aux parents d'en parler, car l'arrivée d'un enfant perturbe fréquemment, freine ou fait dépérir la sexualité. Comme si les parents ayant vécu, dans leur enfance, leurs propres parents comme asexués, le redevenaient eux-mêmes dès qu'ils ont un enfant. Or vivre avec des parents asexués est destructeur pour l'enfant. Il est donc souvent préférable d'aider ses parents à retrouver une sexualité heureuse plutôt que de le prendre en thérapie.

Adolescence et tentatives de suicide

Sur les questions de l'adolescence, on ne trouve quasiment rien dans les journaux pour parents. Comme si, ceux-ci étant exclusivement lus par les mères, cet âge où l'enfant devient sexuellement mature ne les concernait plus. C'est donc surtout dans la grande presse que l'adolescence se signale comme une époque de la vie où le désarroi, le mal-être et la délinquance culminent. « Pourquoi sont-ils si violents ? » se demande-t-on par exemple dans *Le Monde diplomatique*[1], sans trop savoir comment rendre compte de cette inquiétante situation que les multiples initiatives gouvernementales n'arrivent pas à endiguer. Ce désarroi qui frappe la jeunesse est, la plupart du temps, attribué à la conjoncture et au manque de travail. Or, si l'économie y joue un rôle non négligeable, cela n'explique pas tout.

De nos jours, « une fille sur cinq et un garçon sur dix fréquentant l'infirmerie scolaire ont déjà fait une tentative de suicide[2] ». Au niveau national, le suicide est devenu la deuxième cause de mortalité des quatorze-vingt-quatre ans, après les accidents de la route. Tel est l'inquiétant constat de l'étude publiée, en février 2001, par l'Institut national de la santé et de la recherche médicale[3], quelques jours avant la cinquième journée nationale de prévention du suicide. Cette enquête menée dans vingt et un établissements scolaires de la Gironde auprès de mille élèves de onze à vingt et un ans montre que les tentatives de suicide sont de plus en plus précoces et que les trois quarts des adolescents qui tentent de mettre fin à leurs jours ont actuellement moins de quinze ans.

C'est le cas de Maud qui, dans un article du *Monde*, témoigne du désarroi et des drames que suscite l'arrivée de la maturité sexuelle dans une société où rien n'y prépare. À vingt-trois ans, elle a déjà fait six tentatives de suicide, dont la première à quinze ans. « Je refuse ma féminité, déclare-elle,

---

1. Article de Claire Brisset, janvier 2002.
2. *Le Monde*, 5 février 2001.
3. Sous la direction de Marie Choquet, directeur de recherches à l'Inserm, et de Xavier Pommereau, chef de l'unité médico-psychologique de l'adolescent à Bordeaux.

je n'ai pas confiance en moi, je ne m'aime pas, et je suis toujours en train de me demander si je suis belle ou pas trop grosse [1]. » Comme c'est souvent le cas des personnes suicidaires, cette jeune femme ne s'en prend qu'à elle. Considérant qu'elle refuse sa féminité, elle n'accuse ni ses parents, ni l'école, ni la société où elle a grandi et a été éduquée. Or ce dont elle a souffert à quinze ans est, aujourd'hui encore, ce dont continuent à souffrir la plupart des adolescents qui atteignent cet âge. Cette génération a bénéficié de l'éducation sexuelle qui est devenue obligatoire dans les années 1968-1970. Mais elle a aussi été confrontée à une évolution des mœurs sans aucun précédent qui a vu le divorce, l'union libre et le monoparentalisme se généraliser. Rares sont donc ceux qui ont été élevés par leurs deux parents. Or, qu'ils aient vécu avec l'un ou l'autre, dès qu'ils se sentent en confiance et qu'on les interroge sur la façon dont la sexualité se présente à cet âge, ils avouent tous souffrir d'avoir eu à se construire dans un monde où elle s'expose de toutes parts, mais où rien ne s'en dit. Patrick, un garçon de dix-sept ans, me l'a résumé ainsi : « Entre les livres d'éducation sexuelle et le porno, question viande, on nous a tout montré, mais pour le reste, on ne nous a rien dit. »

Cette situation est d'autant plus grave que ni les parents ni les éducateurs ne semblent être conscients que le développement des techniques de l'image fait que, de nos jours, deux adolescents sur trois ont eu, pour seule éducation sexuelle, le film pornographique sur lequel ils sont tombés, plus ou moins par hasard, à treize ans. La plupart des parents continuent, en effet, à reproduire ce qu'ont fait les leurs avec eux. Ils élèvent leurs enfants comme si la sexualité

1. *Le Monde*, 5 février 2001, article de Frédéric Chambon.

n'existait pas, sans en parler et sans se rendre compte que le monde a considérablement changé depuis leur propre adolescence. Alors même que la nudité est devenue un objet publicitaire qui s'expose à tous les coins de rue et que le cinéma pornographique a envahi la télé, la sexualité est un sujet dont on continue à ne dire mot dans les familles. Psychanalystes et thérapeutes d'enfants peuvent en être stupéfaits : un siècle de psychanalyse n'a pas suffi à faire comprendre que la santé mentale des adultes que deviennent nos enfants dépend, en premier lieu, de la qualité des paroles sur le sexe et la mort que leur ont délivrées leurs parents. Par peur de choquer les parents, les journaux spécialisés ne soulèvent jamais cette question. Et comme les assistantes maternelles, les pédiatres et les pédagogues font de même, l'arrivée de la maturité sexuelle est un drame plus ou moins épouvantable pour un très grand nombre d'adolescents.

Sylvie, par exemple, avait dix-neuf ans, lorsqu'un ami de la famille lui a conseillé de venir faire quelques séances chez moi pour régler un problème de kleptomanie qui devenait encombrant. Elle ne pouvait s'empêcher de voler dans les magasins où, à plusieurs reprises, elle s'était fait prendre. Se rendant elle-même compte qu'elle ne volait que des choses inutiles dont elle se débarrassait, en les offrant à ses copains et copines, elle a assez vite compris que cette compulsion à chaparder était une tentative de récupérer ce qui lui avait manqué dans sa famille. Or elle n'avait manqué ni d'amour ni de cadeaux, mais de paroles :

– Mes parents sont adorables, m'expliqua-t-elle, mais c'est aussi un peu le genre potiches. On se bichonne, on est bien chez soi, mais on ne sort jamais. Papa, y a que son boulot qui compte, et maman, c'est plutôt le style confitures et bonbons roses.

– Comment vous a-t-elle présenté la sexualité et à quel âge ?

– Ah ça, pas un mot ! C'est tabou, on n'en parle jamais. Je crois qu'elle était vierge quand elle a connu papa, mais, avec elle, ce n'est pas possible d'en parler.

– Et comment l'avez-vous découvert ?

– Ben, à l'école. J'ai compris que les hommes avaient des érections, en entendant les garçons se lancer des vannes, et le reste, en écoutant ce que racontaient les grandes.

– Avec vos parents, jamais un mot ?

– Si, à treize ans, quand j'ai eu mes règles, maman a voulu que papa m'en parle. Il m'a expliqué les abeilles. Je ne pouvais pas lui dire que je savais. J'avais l'impression qu'il allait tomber dans les pommes. Si je lui avais dit que j'avais déjà vu un film porno, il ne s'en serait pas remis.

– Un film porno ?

– Oui, mais là, ça ne m'a pas aidée. J'avais dix ans. C'était du sexe à l'état brut. C'était horrible. Ça m'a fait vomir. On était trois, chez une copine. Au début, je ne voulais pas faire celle qui a l'air choquée. Je leur disais : « Ouais, je connais ! » Mais c'est dégueulasse de voir des choses comme ça ! La femme était utilisée comme un objet. Après, j'avais peur des hommes. Et, aujourd'hui encore, lorsqu'un mec me plaît, j'ai toujours peur qu'il en profite et qu'il ait envie de me traiter comme un animal.

L'histoire de Jean-Philippe en est un autre exemple. Il m'avait été adressé par le pédiatre qui l'avait suivi enfant ; il s'était fait mettre à la porte du lycée et ne voulait plus rien faire. À seize ans, il avait toujours vécu seul avec sa mère. Lorsque je lui ai demandé comment la sexualité se présentait à lui, il est devenu rouge et a bafouillé qu'il ne s'y était pas encore risqué. Puis il a ajouté :

– En fait, j'ai peur. L'idée de pénétrer une fille m'angoisse. On ne sait jamais ce qu'elles veulent. Elles ne disent rien. Si au moins elles disaient de quoi elles ont envie.

– Et avec votre mère, vous en avez parlé ?

– Non, jamais. Quand j'ai eu dix ans, elle m'a offert un livre, mais elle me l'a donné sans un mot. On y voyait les différents organes, le grand frère et la grande sœur, lui qui n'arrêtait pas de se regarder et elle de se maquiller. J'essayais de comprendre le moment où le mec pénétrait la nana, et c'est ça qui me posait des questions.

– Et avec les copains, vous en parlez ?

– Non. Je leur laisse croire que tout va bien. On fume et on boit, mais on ne parle pas de ça.

– Ce livre est donc la seule information sexuelle que vous ayez eue enfant ?

– Non, après, à treize ans, je suis tombé sur un film porno. C'était chez un ami : *La Nuit rose,* sur Canal +. Ça m'a complètement terrorisé. Nous sommes, tous deux, restés collés au petit écran, dégoûtés, mais incapables de l'éteindre. J'ai passé la nuit à me demander comment les acteurs pouvaient faire ça et comment le metteur en scène pouvait les diriger. Le lendemain, j'étais encore tellement bouleversé que j'ai essayé d'en parler à ma mère. Elle m'a dit que, dans la réalité, ce n'était pas comme ça, mais je ne l'ai pas crue. J'étais obsédé par l'idée que c'était bien comme ça, et je me disais que c'était pour ça que personne n'en parlait.

Ces propos rendent assez bien compte du désarroi des adolescents vierges. Entre des cours où on leur présente la sexualité comme une simple variante de la sexualité animale, en la reléguant pudiquement sous l'étiquette de la reproduction, une prolifération de cassettes porno qui la leur montrent comme un retour pur et simple à la bête, et des parents incapables d'en parler, on comprend que cet âge où la sexualité devient incontournable ne soit pas une époque facile.

Que notre sexualité soit langagière est la seule chose qui la différencie de celle des autres mammifères. La sexualité humaine est indissociable de la parole, non seulement dans son expression amoureuse, mais également dans sa construction. Sans parole, la sexualité ne peut correctement se construire. Et lorsque les parents attendent la venue des premières règles ou l'apparition des premiers poils pour en informer leurs enfants, c'est beaucoup trop tard. Pour pouvoir vivre la sexualité comme une chose normale à l'adolescence, il est indispensable d'avoir pu l'intégrer et la comprendre avant sept ans. Mais alors que, dans le domaine de la santé et des lois, la plupart des innovations se font aujourd'hui « au nom de l'enfant », cette question pourtant cruciale pour son développement et sa santé future n'est jamais prise en compte dans nos structures sociales.

Elle ne l'est pas car, à ce niveau, il ne s'agit pas d'éduquer les enfants, mais leurs parents. Or, l'opportunisme social étant à l'image de celui des journaux qui leur sont destinés, les institutions qui prennent en charge les enfants, soucieuses de ne pas heurter les parents, négligent de les informer des dangers qu'ils courent lorsqu'on ne leur permet pas d'intégrer la sexualité à temps. Nul ne les interpelle sur le fait qu'être parent ne se limite pas au plaisir que l'on prend avec ses enfants, mais consiste, avant tout, à leur permettre de devenir des adultes. Que ce soit donc à l'école ou dans leur famille, les enfants sont ainsi éduqués en sachant qu'ils auront un jour à travailler et gagner de quoi se nourrir, mais nul ne les informe qu'ils auront aussi à assumer leur vie affective et sexuelle.

L'adolescence n'est pas l'âge adule. De la naissance à la période œdipienne qui se clôture à sept ans, l'enfant construit l'appareillage émotionnel, fantasmatique et sexuel qu'il retrouvera à l'adolescence. De sept à quatorze ans, c'est ce que Freud a appelé la « période de latence » : l'âge où l'enfant refoule et oublie tout ce qui concerne la sexualité. Cette période où les filles deviennent des « garçons manqués » est, comme je l'ai expliqué ailleurs [1], celle où commencent à se construire les formes sociales et collectives de l'esprit. Enfin, de quatorze à vingt et un ans, c'est l'adolescence, le troisième et dernier cycle de la construction, où, avec la montée hormonale, l'enfant retrouve la sexualité telle qu'il l'a comprise et intégrée avant sept ans.

La puberté est donc une époque où l'on devient adulte, sans l'être encore, mais où il s'agit précisément d'apprendre à l'être. C'est un âge où l'enfant éprouve le besoin de rejeter la dépendance où l'a tenu jusqu'alors le maternel. En revanche, il a encore grandement besoin d'un père, puisque le père est la figure identificatoire avec laquelle l'enfant construit la faculté d'être autonome. L'adolescence est donc ce qui prépare à la « vraie naissance ». Car, du point de vue de la construction sexuelle et mentale, ce qu'on appelle communément « naître », la séparation du corps de la mère, n'est que le début de la naissance. La vraie naissance est celle de l'autonomie mentale et physique qui débouche sur l'âge adulte. C'est celle qui fait passer du statut d'enfant à celui d'adulte, et c'est donc un événement aussi bouleversant que notre arrivée dans l'espace terrestre.

Vers treize-quatorze ans, lorsque arrive la puberté, il se

1. Didier Dumas, *Et l'enfant créa le père,* Hachette-Littératures, 2000.

produit une sorte de cataclysme. L'enfant voit non seulement son corps se transformer, mais également tout ce qu'il avait jusqu'alors dans la tête. La montée hormonale ne se limite pas à faire pousser les poils et les rondeurs. Elle agit aussi sur le cerveau. L'individu se retrouve assailli de désirs ou de fantasmes dont il est le premier surpris. S'il n'a pas correctement intégré la sexualité à l'âge œdipien, ces désirs et ces fantasmes qu'il ne peut assumer le persécutent et le plongent dans la dépression. Et si la sexualité est, dans sa famille, un sujet dont on ne dit jamais rien, il lui est impossible de parler de ce qui lui arrive. Il s'enferme alors dans son mal-être, ce qui est d'autant plus dramatique que la maturation sexuelle lui signale qu'il est en âge de penser à quitter ses parents et qu'à cet âge, quitter ses parents, c'est soudainement assumer d'être mortel.

Tant que l'enfant vit avec ses parents, il n'a pas à se penser mortel. Ce n'est pas lui qui prend en charge sa vie matérielle. Ce sont ses parents qui savent ce qui est bon ou mauvais pour lui, choisissent son école et le nourrissent. Se défaire de cette situation implique de pouvoir y penser. Si les parents ne s'y sont pas préparés et n'en ont jamais parlé à l'enfant, la mutation se révèle impossible. Par peur de s'en prendre à eux, l'adolescent retourne son agressivité contre lui. Il se dit qu'il est taré, anormal ou inapte à vivre, et n'ayant nul lieu où en parler, il risque, pour fuir l'angoisse, de vouloir mettre fin à ses jours. Voilà ce qui explique que les tentatives de suicide sont à ce point nombreuses à un âge qui, étant celui de la naissance à l'autonomie, devrait au contraire être une période de fête.

Deuxième tableau

L'origine des troubles sexuels du monde occidental

Une évolution des mœurs sans précédent

Tout ce qui était, dans le domaine sexuel, caché, interdit ou honteux il y a encore fort peu de temps s'expose aujourd'hui au grand jour. Invités à venir présenter leurs pratiques et leurs problèmes, prostitués des deux sexes, travestis, bébéphiles, adeptes du latex ou du sadomasochisme s'affichent sur le petit écran, sous l'œil bienveillant d'une Mireille Dumas ou d'un Jean-Luc Delarue. On ne se rencontre plus dans les bars ou les dancings, mais dans les messageries du Minitel ou d'Internet, dans lesquelles, l'anonymat aidant, on est libre d'exposer la crudité de ses fantasmes et penchants. En quelques décennies, notre société est ainsi devenue un monde où la sexualité s'exhibe un peu partout. Mais, comme l'habitude ancestrale de ne rien en dire reste inébranlable, nul ne comprend le désarroi d'une jeunesse élevée sans une parole sur la sexualité, alors qu'elle est nourrie d'images sur le sexe et la nudité.

Cette nudité qui s'étale au grand jour, à la télévision, dans les films ou sur les panneaux publicitaires, peut donner l'impression que nous vivons dans une société sexuellement libérée. En réalité, cet « étalage sexuel » crée une sorte de « leurre hypnotique » dans lequel les individus ne se rendent même pas compte qu'ils restent profondément incapables de savoir en parler. Or pour vivre librement sa sexualité, il est indispensable de pouvoir la penser, et pour qu'une chose soit vraiment pensable, il faut qu'elle soit parlable.

Comme nous le verrons d'une façon plus approfondie en abordant les processus de la jouissance sexuelle dans la troisième partie de ce livre, les images et les sensations sont aussi indispensables au fonctionnement de l'esprit que les mots. Toutefois, à elles seules, les images ne permettent pas de penser. Celles que présentent la publicité ou les cassettes pornographiques peuvent séduire, fasciner, terroriser ou faire jouir. Elles peuvent conforter ou télescoper les fantasmes. Mais comme, toutes seules, les images ne permettent pas de penser, s'il n'existe aucun lieu où l'on puisse parler de sexualité, le jardin secret de ses désirs ne sort jamais de sa tête et la sexualité reste plus ou moins dramatiquement prisonnière de ses propres images mentales.

Cette situation n'aide pas les adultes à affronter leurs difficultés sexuelles. Elle en voile la première cause, qui est la façon dont la sexualité leur a été transmise. Mais surtout, elle devient effrayante lorsqu'on comprend qu'elle est responsable du fait que deux enfants sur trois n'ont eu, pour éducation sexuelle, que le cinéma pornographique. Voilà ce que la presse a révélé, en mai 2002 [1], aux parents des

1. Avec la première série d'articles sur cette question titrée : « Ado, porno, bobo », publiée dans *Libération* le 22 mai 2002 et reprise dans toute la presse les jours suivants.

enfants qui atteignent aujourd'hui la maturité sexuelle. Cette génération de parents l'a découvert avec d'autant plus de stupeur qu'elle est celle qui, sous la poussée des événements de mai 1968, s'est battue pour libérer la sexualité et rendre l'éducation sexuelle obligatoire. En réalité, les thérapeutes d'enfants s'inquiétaient de cette situation nouvelle depuis déjà une bonne quinzaine d'années. Mais comme, en ce domaine, les choses n'arrivent à être entendues que lorsqu'elles font scandale, c'est celui soulevé par les viols collectifs, les « tournantes », qui a permis que cette question éclate enfin au grand jour. La vraie surprise fut alors de constater que les adolescents violeurs ne trouvaient rien d'anormal à cette sexualité de groupe et ne comprenaient donc pas ce qu'on leur reprochait. « Mais, déclara l'un d'entre eux, si on y allait seuls, les filles ne nous prendraient pas au sérieux ! » N'ayant pas eu d'autres modèles sexuels que ceux des films pornographiques, il n'imaginait pas que l'on puisse faire l'amour autrement qu'à plusieurs.

Force est ainsi de reconnaître que les enfants conçus dans l'euphorie des mouvements de libération sexuelle des années 1970-1980 souffrent, aujourd'hui, d'un mal non reconnu dans nos normes sanitaires : l'absence plus ou moins totale de parole sur la mort et la sexualité dans laquelle leurs parents et professeurs les ont élevés.

La psychanalyse et les théories du développement de l'enfant qu'elle a engendrées n'y sont pas pour rien. C'est, en effet, dans les années qui ont suivi les événements de mai 1968 que les centres médico-psycho-pédagogiques et autres institutions pour enfants ont proliféré, en faisant de la psychanalyse une référence incontournable dans toutes les professions où l'on s'occupe d'eux. Ce à quoi la création par Jacques Lacan, en 1969, de l'École freudienne de Paris a amplement collaboré. Toutefois, à cette époque, Françoise Dolto n'avait encore qu'une très faible audience dans les milieux professionnels et l'analyse transgénérationnelle en était à ses premiers balbutiements. La psychanalyse qui s'est alors implantée dans toutes les institutions scolaires et médicales du secteur de l'enfance était donc soit kleinienne, soit lacanienne. Mais comme ces deux tendances psychanalytiques refusaient de considérer l'inconscient dans sa dimension transgénérationnelle, les psychanalystes ne disposaient, à cette époque, d'aucun outil efficace dans la prise en charge des familles.

Freud ayant défini l'esprit comme une instance strictement *individuelle*, ils ne recevaient les parents qu'afin d'établir avec eux un contrat qui permette de prendre, seul, l'enfant en cure. Lorsqu'ils constataient que les symptômes des petits étaient la conséquence de ceux des grands, ils adressaient séparément les parents à des confrères pour qu'ils les prennent individuellement en cure. Or tant que l'enfant n'a pas atteint l'âge de raison, il est non seulement dangereux de le recevoir sans ses deux parents, mais surtout, si l'on ne considère pas sa construction mentale dans sa dimension *transgénérationnelle*, il est illusoire de prétendre aider les parents sans en faire plus ou moins pâtir l'enfant.

De plus, dans le domaine de la santé sexuelle, on ne peut négliger que tout ce qui est de l'ordre des us et coutumes se transmet au même titre que le langage et la culture. L'esprit n'est pas plus individuel que la langue dans laquelle il se construit. Il en est de même des symptômes qui perturbent, interdisent la sexualité ou la rendent insatisfaisante. La sexualité se construit, certes, en premier, avec les parents, mais aussi dans une culture. Sa construction est irrémédiablement marquée par leurs traditions, leurs croyances, leur époque et leurs mœurs. Or la psychanalyse n'a considéré les troubles de la sexualité que sous un seul de ses deux aspects. S'inscrivant, comme nous allons le voir, dans la nouvelle sexologie médicale qui apparaît à la fin du dix-neuvième siècle, elle les a pudiquement classés dans le registre des « pathologies individuelles ». Et comme les historiens et les sociologues n'y ont rien trouvé à redire, l'origine historique et sociale de ces troubles est totalement passée à la trappe.

L'éducation sexuelle des rois de France

Avant la Révolution française, la sexualité était assez simplement vécue, tant au niveau du couple que des enfants. Les parents n'éprouvaient aucune honte à se montrer nus devant eux. Il n'était pas nécessaire de les informer de cette dimension de la vie car il était d'usage de faire l'amour en leur présence. La chambre à coucher conçue comme un lieu clos et réservé à l'intimité n'apparaît qu'au dix-neuvième siècle. Dans les classes pauvres, on ne disposait que d'une seule pièce. Les parents et les enfants dormaient dans le même lit. Et si nul n'y trouvait rien à redire, c'est parce que la tradition voulait que la sexualité des rois de France soit une affaire publique. La noblesse assistait aux ébats sexuels royaux. Elle prenait modèle sur son monarque, et il était socialement plutôt bien vu d'exhiber la dimension maritale et procréatrice de sa sexualité. Lorsque, par exemple, la femme attendait un enfant et que le maître de maison recevait des amis, il était fréquent qu'il rende visite à l'enfant attendu en honorant son épouse en leur présence. Les enfants étaient non seulement présents, mais ils étaient associés aux plaisanteries sexuelles des adultes, qui les accompagnaient de gestes et d'attouchements qui seraient aujourd'hui considérés comme scandaleusement pédophiles.

L'enfance du jeune Louis XIII offre un bon exemple de la liberté des mœurs qui régnait à l'époque. Héroard, son médecin particulier, notait méticuleusement, chaque jour, le moindre événement de la vie du Dauphin [1]. Il nous a ainsi légué un précieux document sur les réactions de cet enfant qui assistait avec toute la cour aux ébats sexuels de ses parents royaux. Son journal relate que le jeune Dauphin jouait beaucoup avec sa « guillery » (son sexe), en parlait énormément aux personnes chargées de s'occuper de lui, et que celles-ci n'hésitaient pas à y répondre en lui mettant la main dans la culotte. Cette façon d'associer le geste à la parole n'avait alors rien de choquant, car la sexualité des enfants était considérée de la même façon que celle des adultes, comme une réalité indissociable des autres fonctions corporelles.

Le 24 juillet 1602, Héroard note, par exemple, que le jeune Louis qui a alors dix mois « prend plaisir et se rit à plein poumon quand la remueuse (la femme chargée de le bercer et de le langer) lui branle du bout des doigts sa guillery ». Deux mois plus tard, retroussant la jupe d'une jeune demoiselle, il se couche à la renverse pour lui montrer « sa guillery avec une telle ardeur qu'il en est tout hors de lui ». Porté à Saint-Germain pour assister au dîner du Roi, « il fait baiser sa guillery à M. de Souvré », son futur gouverneur, ainsi qu'aux autres courtisans qui l'accompagnent. Jouant

1. M. Foisil, *Journal de Jean Héroard, médecin de Louis XIII*, Fayard, 1989.

fréquemment nu avec sa sœur puînée et son père, Henri IV, il découvre que l'infante « n'a point d'os », et que « celle de papa est bien plus longue que la sienne ». Elle est, déclare-t-il, en montrant son avant-bras, « aussi longue que cela ». Dès lors, le voilà qui compare les « conins » (les vulves) des dames qui l'entourent. Et, lorsqu'il a cinq ans et demi, Henri IV, désirant qu'il comprenne bien la fonction de cet organe, baisse sa culotte en lui montrant crûment son sexe et lui dit : « Voilà qui te fit ce que tu es [1] ! »

À cette époque, la sexualité était donc présentée à l'enfant telle qu'on la vivait, d'une façon simple et familière, en appelant les choses par leur nom, sans fausse honte ou pudibonderie et sans craindre que les contacts avec l'enfant précipitent les adultes dans l'inceste ou la pédophilie. Voilà ce que la Révolution française va radicalement modifier. Avec l'arrivée au pouvoir de la bourgeoisie, cette façon naturelle de ne jamais considérer le corps autrement que sexué disparaît totalement au profit des idéologies puritaines. Une hantise de la sexualité infantile va naître, qui, promulguée par la médecine, va ravager l'éducation des enfants jusqu'au début du vingtième siècle.

Masturbation et culottes serrées sous la Révolution française

Au dix-huitième siècle, la bourgeoisie montante crée ses propres maîtres à penser. Apparaît ainsi une littérature

1. *Ibid.*

médicale antimasturbatoire qui, donnant une valeur scientifique à des propos jusqu'ici tenus par les religieux, va exercer sur les parents une emprise beaucoup plus puissante que celle de l'Église et entraîner une violente répression de la sexualité précoce. La folie avec laquelle le monde occidental a alors considéré la sexualité de l'enfant commence à s'installer en 1760, avec la publication en français du premier « ouvrage scientifique » traitant de la sexualité infantile, le livre d'un médecin suisse, le docteur Tissot : *L'Onanisme, Dissertation sur les maladies produites par la masturbation.*

Premier d'une longue série, ce livre qui invente que la masturbation engendre les pires maladies a été l'ouvrage de référence des médecins et des pédagogues jusqu'à ce que la psychanalyse mette un terme à cette idée fausse, au début du vingtième siècle. Traduit en plusieurs langues, réédité soixante-trois fois, dont la dernière en 1905, il inaugure la période la plus noire de notre histoire sexuelle : l'alliance des médecins, des prêtres et des mères patronnesses de la bourgeoisie chrétienne harcelant les parents pour les convaincre que la sexualité infantile est le pire des fléaux.

Pour Tissot, le sperme est « l'huile essentielle, l'esprit recteur » de l'individu. Son gaspillage « évente » les autres humeurs et les affaiblit, en rendant l'organisme vulnérable aux agents pathogènes. Cette thèse est d'autant plus absurde que la médecine de l'époque n'hésite pas à pomper abondamment, par la saignée, une autre humeur aussi essentielle : le sang. Elle va néanmoins devenir la « caution scientifique » avec laquelle le puritanisme bourgeois réprimera sauvagement la sexualité. « Je connais une jeune demoiselle de douze à treize ans, y lit-on, qui, par cette détestable manœuvre, s'est attiré une consomption avec le ventre gros et tendu, une perte blanche, et une incontinence d'urine. » Ou encore : « Le fils de M., âgé de quatorze à quinze ans, est mort de convulsions et d'une espèce d'épilepsie dont l'origine venait uniquement de la masturbation. » Le tableau des dégénérescences auxquelles est voué le masturbateur est effrayant : vertiges, tintements d'oreilles, essoufflement, débilité musculaire, affaiblissement de la mémoire, amaigrissement, palpitations, impuissance précoce, frigidité, cécité, surdité, épilepsie.

Loin d'être jugée délirante, cette thèse devient très vite celle de toute l'intelligentsia bourgeoise. C'est ainsi qu'en 1792, B. C. Faust propose à l'Assemblée législative une loi visant à prévenir les méfaits de la masturbation. C'est aux culottes qu'il faut attribuer la cause de ces « épanchements précoces et malheureuse manie de s'énerver de corps et d'esprit », argumente ce médecin de la bourgeoisie révolutionnaire. « À peine le petit garçon a-t-il trois ans, qu'on veut qu'il soit un homme fait et qu'on le met en culottes. Cet enfant qui, sous sa jaquette, avait tous ses mouvements libres, qui pouvait courir, sauter et gambader à son aise est maintenant sanglé et cousu dans ses culottes. S'il veut uriner, il est obligé de tirer avec effort sa petite verge hors de la culotte. Des enfants, des bonnes, des domestiques manient l'enfant, le tiraillent et jouent avec ses parties génitales. Par ces attouchements, le petit garçon (et même la petite fille qui souvent l'aide et que le pauvre innocent veut, par complaisance, aider à son tour) contracte une certaine familiarité avec des parties regardées autrefois comme sacrées, impures et honteuses, et c'est là une des premières occasions qui conduit à ce terrible abus de soi-même, dont parle le célèbre Tissot. »

« La chaleur et les émanations âcres de la partie

supérieure et inférieure du corps » venant s'y concentrer, les culottes « provoquent un nuisible miasme, un air méphitique aux environs des parties génitales ». Au lieu d'être « froids, libres et calmés », les testicules sont « irrités, pressés et échauffés comme dans une serre chaude par des vapeurs âcres et distillantes ». D'où le fait que « les petits garçons se trouvent avoir déjà de la semence à l'âge de dix ou douze ans au lieu de quatorze ou quinze ».

« Donnons aux garçons et aux filles qui n'ont point de sexe un même habillement sans la moindre différence », en conclut ce médecin révolutionnaire, un vêtement « libre, uniforme et national », « une sorte de robe ample, recouverte d'un sarrau de coton, rayé aux couleurs nationales, fondement de l'égalité ». « Les enfants des deux sexes porteront cette robe depuis l'âge de deux ans, sans aucun changement ni addition, les garçons jusqu'à dix et les filles jusqu'à huit ans[1]. »

Il suffit de considérer l'histoire des peuples et des nations pour constater que les révolutions s'accompagnent toujours d'une répression plus ou moins violente de la sexualité. Notre chauvinisme a toutefois tendance à nous faire oublier que la Révolution française a fait de même. La bourgeoisie considérait alors la noblesse telle qu'elle apparaît dans la littérature de l'époque, *Les Liaisons dangereuses*, de Louis Choderlos de Laclos, ou les écrits du marquis de Sade. Elle y voyait une classe de dégénérés, pervertis par la luxure. Car, comme le soulignent Jean-Paul Aron et Roger Kempf

1. B. C. Faust, « Sur un vêtement libre uniforme et national à l'usage des enfants ou réclamation solennelle des droits des enfants », cité par Marie-France Morel dans *La Sexualité « oubliée » des enfants*, Stock, 1993.

dans *Le Pénis et la Démoralisation de l'Occident*, « face à la dissolution nobiliaire, quoi de plus édifiant que la pureté, de plus exaltant que la dissolution du libertinage[1] ? » « La bourgeoisie sait que sa prospérité vient de l'épargne, de l'accumulation besogneuse ; elle hait toute forme de gaspillage, de déperdition d'énergie. Or la sexualité est ce qui peut, à tout instant, échapper à la sage réglementation de l'instinct génésique pour s'abandonner aux frénésies du gaspillage. Cela fait peur aux bourgeois. » Leur « obsession de l'onanisme et de ses "funestes effets" vient de là, car il est aussi scandaleux de jeter son sperme au vent que l'argent par les fenêtres[2] ».

Ainsi s'installe, avec le rejet de la noblesse, de ses mœurs et l'arrivée au pouvoir de la bourgeoisie, une folie antimasturbatoire qui va faire des ravages dans l'éducation des enfants. C'est, entre autres, ce dont rend compte l'interrogatoire du jeune Louis XVII, dont la visée sournoise était de condamner sa mère, Marie-Antoinette, à la guillotine. Tablant sur le fait que la noblesse était montrée du doigt, Hébert, le substitut du procureur de la Commune, obtint sa condamnation, en présentant au tribunal révolutionnaire une déclaration signée de l'enfant surpris en train de se masturber qui l'accusait, elle, de débauche et d'inceste. « Le jeune Capet, y lisait-on, dont la constitution physique dépérissait chaque jour, fut surpris par Simon dans des pollutions indécentes et funestes pour son tempérament. Celui-ci lui ayant demandé qui lui avait appris ce manège

1. Jean-Paul Aron et Roger Kempf, *Le Pénis et la Démoralisation de l'Occident*, Grasset, 1978.

2. Jean-Paul Aron et Roger Kempf, *Le Nouvel Observateur*, 23 octobre 1978.

criminel, il répondit que c'était à sa mère et à sa tante qu'il était redevable de cette habitude funeste. De la déclaration que le jeune Capet a faite en présence du maire de Paris et du procureur de la Commune, il résulte que ces deux femmes le faisaient souvent coucher entre elles deux, que là, il se commettait des traits de la débauche la plus effrénée dont il n'y avait même pas à douter, d'après ce qu'a dit le fils de Capet, qu'il y ait eu un acte incestueux entre la mère et le fils [1]. »

L'éducation bourgeoise et la prolifération des troubles sexuels

Les valeurs bourgeoises s'étant implantées avec la Révolution, il faudra attendre 1912 et la création de la première société de psychanalyse pour que l'on puisse recommencer à considérer la masturbation comme normale dans l'enfance et l'adolescence. Jusqu'au début du vingtième siècle, la croyance en ses effets dévastateurs a été à ce point admise qu'elle n'a même pas épargné l'élite pensante. En 1803, par exemple, le philosophe Emmanuel Kant écrit dans ses *Propos de pédagogie* : « Rien n'affaiblit plus l'esprit et le corps de l'homme que la forme de volupté tournée sur elle-même. » La masturbation « est en totale opposition avec la nature humaine. D'elle non plus, il ne faut faire mystère au jeune homme. Il faut la lui représenter dans toute son abo-

1. *Réimpression de l'ancien Moniteur*, t. XVIII, 1841, p. 139 (nº du 18 octobre 1793).

mination. Lui dire que par elle, il se rend inapte à la procréation de l'espèce, que par elle, il provoque la plus grande ruine de ses forces physiques, qu'il attire sur lui une vieillesse précoce et que son esprit en subit de graves atteintes [1]. »

Ce philosophe de renom écrit cela à l'époque où se noue une alliance tacite entre le médecin, le prêtre et la mère chrétienne, qui a été l'armature occulte du puritanisme bourgeois. En 1801, le concordat signé par Pie VII et Bonaparte a permis à l'Église de retrouver ses droits. Cherchant à se démarquer de la noblesse, celle-ci a rejoint l'opportunisme ambiant. Il lui est toutefois difficile de se redonner une assise sociale en s'appuyant sur les hommes. La Révolution leur ayant fait déserter les lieux de culte, elle n'exerce plus aucune emprise sur eux. Elle s'allie donc, d'un côté, à la seule population qui continue à fréquenter les églises, les mères, et de l'autre, à la jeune médecine qui promulgue des thèses dont elle n'a aucun mal à revendiquer la primeur.

Cette alliance a fait du dix-neuvième siècle l'époque où le rapport au corps et à la sexualité a atteint, dans notre société, la barbarie la plus folle. Le docteur Tissot étant devenu une référence que nul ne saurait contester, les ouvrages médicaux ne considèrent alors la sexualité masculine qu'en termes de déperdition spermatique. Par exemple, dans *Le Mariage dans ses devoirs, ses rapports et ses effets conjugaux*, le docteur Garnier explique que la perte de trente grammes de liquide séminal équivaut à celle de deux mille cent grammes de sang [2]. Soucieux de prévenir les

---

1. Emmanuel Kant, *Œuvres philosophiques* III, trad. Pierre Jalabert, Gallimard, 1986.

2. Dr P. Garnier, *Le Mariage dans ses devoirs, ses rapports et ses effets conjugaux*, 1879.

troubles qu'ils attribuent à la masturbation, les médecins offrent leurs services aux parents désireux de protéger leurs enfants des risques de surdité et autres tares dues à l'inévitable insalubrité du corps sexué. Collèges et lycées considèrent la lutte contre la masturbation comme l'un des premiers devoirs du pédagogue. On coupe le haut des portes des latrines pour pouvoir voir la tête des élèves du dehors. Au moindre soupçon d'onanisme, la mère ne doit pas hésiter à faire lit commun avec sa fille et le père avec son garçon pour, en cas d'insuccès, recourir au médecin. On confectionne des caleçons dont l'ouverture, placée en arrière, est solidement boutonnée ou lacée, des chemises de nuit qui se ferment aux pieds et emprisonnent tout le corps, des camisoles dont les manches jointes obligent les mains à rester sur la poitrine, des liens qui les empêchent de se porter vers les parties sexuelles, ainsi que divers appareils, coussinets, morceaux de liège ou de bois adaptés à la partie interne de chaque cuisse pour interdire leur rapprochement.

Cette prévention forcenée de la masturbation précoce implique une vigilance sans relâche des parents et des éducateurs, comme l'explique le docteur Réveillé-Parise en présentant le cas d'une petite fille qui, malgré la ceinture censée la corseter, réussissait à se masturber en y glissant une plume d'oie. Reprenant ainsi à son compte les théories de l'Église sur la lubricité intrinsèque du féminin, la médecine bourgeoise se met à disserter sur la façon la plus élégante de soulager les jeunes filles de l'organe qui les assujettit à leur nature animale : le clitoris. Aux partisans du docteur Garnier qui prônent son excision au bistouri s'opposent ceux du docteur Zambaco qui proposent sa cautérisation au fer rouge et ceux du docteur Pouillet qui considèrent plus judicieux de brûler au nitrate d'argent toute la surface de la vulve, afin qu'après cette intervention, le moindre frottement provoque une vive douleur.

Les garçons ne sont pas oubliés. La médecine leur propose aussi des cautérisations au fer rouge qui, pratiquées sur le prépuce, rendent la masturbation insupportable. Se perfectionnant, elle invente l'infibulation, qui consiste à tirer sur le prépuce pour le traverser d'une aiguille armée d'un fil dont les deux extrémités sont nouées. Dès que les bords de la piqûre ne sont plus enflammés, le fil est remplacé par un anneau de métal non oxydable et soudé afin que, l'opération faite, il ne puisse être enlevé qu'à l'aide d'une pince coupante ou d'une lime. L'érection complète étant ainsi prévenue par la douleur qui en résulte, les revues médicales publient des témoignages de masturbateurs résolus à « guérir » qui ont, eux-mêmes, choisi de s'infibuler. Nul ne peut encore imaginer l'horreur des « raffinements scientifiques » qu'atteindront les prochaines guerres, avec l'invention des gaz, le génocide nazi et la découverte du nucléaire. Telles sont néanmoins, déjà, les méthodes promulguées par la « science médicale » pour protéger l'enfant des dangers attribués à la sexualité précoce.

La reconnaissance « scientifique » de la sexualité infantile s'est ainsi inaugurée, dans notre culture, par sa répression, ce qui a engendré toutes sortes de pathologies jusqu'alors inconnues, qui ont rendu l'invention de la psychanalyse indispensable. En effet, que faisaient les pédagogues du dix-neuvième siècle derrière leur masque de moralité et de bienséance ? Ils initiaient les enfants aux rouages d'une sexualité perverse. Réprimant les pulsions sexuelles, corsetant et mutilant les corps, ils donnaient libre cours à leurs pulsions sadiques. Or lorsqu'on les violente ainsi, les enfants ne se trompent pas sur la nature des sévices qu'on leur impose. Comme ceux qui rient lorsque leur père les fouette, ils ont tendance à annuler cette violence en lui donnant sa valeur de jouissance sexuelle. Dans l'intimité de leurs fantasmes, ils en concluent que la sexualité adulte est fondamentalement sadique. Et à l'âge adulte, c'est sur ce mode qu'elle resurgit dans leurs désirs les plus secrets.

Le dix-neuvième siècle occidental a ainsi créé deux ordres de troubles sexuels qui n'avaient jamais existé sous la forme massive qu'ils prirent à cette époque, ni dans notre culture, ni dans une autre : l'hystérie de la femme et le fétichisme de l'homme.

On saisit aisément la dimension endémique que prend alors l'hystérie en considérant la pudibonderie rigide et maladive avec laquelle les jeunes filles de la bourgeoisie sont élevées. Il leur est tout simplement interdit de regarder leur nudité. À cette fin, les miroirs disparaissent de l'intérieur bourgeois. On invente des poudres qui troublent l'eau des baignoires et y suppriment le moindre reflet. On corsette leur corps. On le ficelle. On le cache sous un flot de nœuds, d'agrafes ou de boutons qui en interdisent la vue. Les musées, où la nudité apparaît d'une façon trop visible, leur sont fermés. Ce qui aboutit à fabriquer des « oies blanches » ou des « saintes-nitouches » qui, le jour de leur noce, ignorent tout de leur anatomie.

Le fétichisme sexuel de l'homme prend lui aussi à cette époque une ampleur qu'il n'avait jamais connue. Perfectionnant le système d'apparence, de mensonge et d'hypocrisie qu'il a mis en place, l'homme bourgeois se coupe en deux dans sa sexualité. Tenant, avec son épouse, à n'envisager le sexe que dans le strict registre de la procréation, il invente la chambre nuptiale où se pratique l'acte sacré de la reproduction, mais où la nudité des conjoints est sévèrement proscrite. On s'y glisse dans l'ombre, vêtus jusqu'au coup, pour y faire rapidement ce qu'on a à y faire, en suivant les recommandations des médecins, c'est-à-dire sans trop y chercher de plaisir et en respectant le fait que la femme est censée ne pas en prendre ou, tout du moins, ne rien en exprimer. D'un côté, l'homme bourgeois installe donc son épouse dans un univers aussi feutré et doux qu'il se veut asexué, en la condamnant à l'apparente virginité qui est de mise devant l'enfant, alors que de l'autre, il institutionnalise les maisons closes. Ayant exclu de son domicile tous les miroirs, il en couvre les murs de ces maisons qui sont, dès lors, les seuls endroits où il s'octroie le droit de contempler une femme nue et d'utiliser son sexe autrement que vêtu de la tête aux pieds.

L'alliance occulte du prêtre, du médecin et de l'épouse bourgeoise poursuit ainsi son entreprise d'assainissement de la sexualité infantile. Afin d'éradiquer ce redoutable fléau qu'est à ses yeux la masturbation précoce, elle a exclu du foyer toute trace de sexualité. Elle entreprend maintenant d'assainir les rues, en enfermant les prostitués dans des maisons spécialisées dont elles n'ont plus le droit de sortir. Telle est la chirurgie sociale qui scinde alors la sexualité masculine entre l'immaculé domaine des mères et celui des lanternes rouges. La création des maisons closes est soutenue par les théories hygiénistes. Pour protéger la mère et l'enfant, elles proposent d'y parquer les débordements virils. Vieux notaires et soldats sont, dès lors, engagés à considérer leurs érections dans l'optique hygiéniste de la nouvelle médecine. Quant aux jeunes garçons, élevés d'un côté sous le regard vigilant d'une madone asexuée, ils sont, de l'autre, conduits par les pères à devoir vénérer dans le secret du bordel la sanctification masturbatoire et fétiche d'un masculin qui, vécu comme dangereux pour la mère, s'est emprisonné dans la prostitution.

Voilà comment la jarretière a soudainement acquis plus d'importance que le corps qui la porte. Écartelés, tels le docteur Jekyll et Mr. Hyde, entre une sexualité maritale purement procréatrice et une « sexualité jouissive » avec des femmes qu'il était incongru d'aimer, comment nos grands-pères auraient-ils pu vénérer autre chose que la jarretière ?

L'apparition d'un vocabulaire sexuel médical et les débuts de la longue et douloureuse naissance sociale de la féminité

Avec la fin du Second Empire et l'avènement de la Troisième République, le carcan d'hypocrisie et de mensonges dans lequel le pouvoir bourgeois a emprisonné la sexualité commence à craquer. L'écrasement de la Commune de Paris n'a pas totalement éteint les idéologies libertaires qui s'y sont exprimées. Le soir, on se retrouve dans les bals, au théâtre ou à l'opérette. L'éclairage au gaz a amplifié la vie nocturne. La concentration urbaine a donné une plus grande mobilité aux femmes. Elles vont donc pouvoir, de nouveau, jouer un rôle important. De nouveau, car, si leur présence dans la rue a été décisive aux premiers temps de la Révolution, très vite, on les a priées de réintégrer leurs foyers pour ne s'y consacrer qu'à leurs fourneaux.

Au Moyen Âge, le sexe féminin ne pouvait, en aucun cas, être considéré comme « bon ». La femme était, par nature, forcément « mauvaise », car l'Église voyait en Ève l'origine de tous nos maux. L'Église a ainsi assujetti la féminité au Démon. Toutefois, à cette époque, elle n'a jamais réprimé la sexualité comme elle l'a fait par la suite, en s'alliant au puritanisme bourgeois. En s'en prenant aux sorcières et en envoyant un certain nombre de femmes au bûcher, l'Église pourchassait le démon et non la sexualité. Le corps était alors considéré, au même titre que les eaux troubles ou profondes, comme l'un des domaines privilégiés de Satan. Or la femme est beaucoup plus proche que l'homme du corps et de ses mystères. Contrairement à lui, elle ne fait pas l'amour à l'extérieur de son corps, mais à l'intérieur. Et comme, de plus, elle lui a donné corps et que, dans l'amour, c'est aussi son corps qu'elle accueille, le pouvoir de la femme est, pour l'homme, tout d'abord celui du corps. C'est ce qui a conduit les religieux à se demander si les pouvoirs corporels de la femme ne l'avaient pas plus ou moins radicalement privée de ce qui nous différencie des autres espèces vivantes : l'âme[1].

Ce n'est donc qu'au titre de mère, et avec la canonisation de la Vierge, que la femme a pu commencer à être reconnue comme un individu à part entière. Au dix-neuvième siècle, en la transformant en un individu sans sexe, le puritanisme bourgeois a hissé la mère au pouvoir, mais ce rejet « médicalisé » de la féminité a été terriblement dévastateur. Élevant la femme dans l'interdit de considérer son corps, il a totalement exclu la féminité du foyer pour ne l'autoriser à

1. En 538, par exemple, au petit concile de Mâcon, un évêque déclara afin de les défendre : « Honni soit celui qui pense que les femmes n'ont pas d'âme, elles ont une espèce d'âme comme les animaux et les fleurs ! » Cité par Anne Ancelin Schützenberger, dans *Aïe, mes aïeux !*, Desclée de Brouwer, 1993.

s'exprimer que dans le cadre des maisons closes. Il n'a donc laissé à la femme que deux possibilités : être soit toute mère, soit toute putain. L'ayant ainsi figée entre ces deux images antinomiques, il en a fait un individu qui ne dispose que d'un seul droit, celui de séduire, mais qui doit ne rien montrer de son désir sexuel, en jouant les « oies blanches » ou les « vierges effarouchées », comme si tout ce qui concerne la sexualité lui était totalement étranger. À la fin du dix-neuvième siècle, entre la police des mœurs, le tenancier des maisons closes et le mari, la société n'accorde ainsi au « sexe faible » qu'un seul destin : celui d'appartenir à l'homme.

C'est alors, sous la pression des femmes et des associations où elles se regroupent pour obtenir le droit de vote et d'éligibilité, que le divorce, adopté comme l'un des acquis de la Révolution en 1792, puis supprimé en 1816, est rétabli, en 1884. C'est aussi à cette époque que la relation conjugale s'érotise. Dans les couples, on commence à s'appeler « chéri », et entre jeunes gens se développe une pratique inédite qui concilie le besoin nouveau d'exprimer son désir, tout en respectant la virginité des filles : le flirt. De leur côté, les médecins commencent à conseiller aux époux d'être plus tendres et plus attentifs au plaisir de leur femme. Et le tout-Paris découvre les étranges phénomènes de l'hystérie, en se bousculant dans les présentations de malades de la Salpêtrière, où le professeur Jean-Martin Charcot les expose en public.

Cette époque est aussi celle où la médecine constate et répertorie les ravages que ses thèses antimasturbatoires ont engendrés. Apparaît alors une génération de médecins qui entreprend d'inventorier les différentes formes de bizarreries sexuelles qui se sont développées à l'ombre des maisons closes. Cette nouvelle médecine est toutefois confrontée à un manque de vocabulaire criant. Alors que, sous la royauté, le vocabulaire sexuel était riche, varié et d'usage courant, le puritanisme bourgeois en a totalement épuré le langage : il n'existe plus aucun mot permettant de parler de la sexualité, ni même de la nommer.

Soucieuse de continuer à prendre en charge ce redoutable fléau qu'est, à ses yeux, l'insalubrité des mœurs, la médecine entreprend donc d'en recréer un. Reprenant des termes jusqu'alors utilisés en biologie pour les espèces animales, elle dote l'être humain d'un « sexe » et d'une « sexualité ». Ces termes vont mettre un certain temps à s'imposer. Ils ne deviendront d'usage courant que dans l'entre-deux-guerres. Absents du Littré et du Dictionnaire général de 1893, ils y apparaissent l'année suivante, en même temps que les mots « homosexualité », « hétérosexualité » et « bisexualité ». À partir de là, comme l'a montré Michel Foucault [1], la nouvelle sexologie médicale découvre des perversions partout. Ne sachant comment nommer la plus massive des bizarreries auxquelles la sexualité des maisons closes a donné une ampleur jusqu'alors inconnue, elle emprunte à l'ethnologie les termes « fétiche » et « fétichisme ». Et, en référence à deux auteurs inconnus dont les écrits ne se diffusent que dans certains milieux restreints des maisons closes, Sacher-Masoch et le marquis de Sade, elle crée les mots « masochisme » et « sadisme », qui apparaissent pour la première fois, en 1886, dans le livre d'un psychiatre allemand, Richard von Krafft-Ebing, intitulé *La Pathologie sexuelle générale*.

C'est dans la mouvance de cette nouvelle sexologie que

1. Michel Foucault, *Histoire de la sexualité*, Gallimard, 1976.

la psychanalyse fait ses premiers pas. Son implantation est soutenue par la revendication des femmes d'être considérées comme des individus à part entière. Le premier livre de Freud, *Études sur l'hystérie*, qu'il publie avec Joseph Breuer en 1895, en témoigne. De son point de vue, en effet, ce n'est ni lui, ni Breuer, qui a inventé la psychanalyse, mais les hystériques viennoises et, plus particulièrement, celle qui, la première, en lui parlant de « cure par la parole », lui a fait comprendre que le symptôme hystérique était du verbe qui n'arrivait pas à se dire autrement : Anna O. Cette première cliente, qui s'appelait en réalité Bertha Papenheim, est devenue l'un des piliers des mouvements de libération de la femme après avoir été analysée par lui.

Le début du vingtième siècle est ainsi marqué par les manifestations des suffragettes qui alimentent la chronique. Bien que cette première organisation féministe qui revendique le droit de vote soit apparue en Grande-Bretagne en 1865, elle n'a, jusqu'alors, guère été prise au sérieux. En ces temps nouveaux, les femmes sont de plus en plus nombreuses à le réclamer. Le mouvement se renforce et les suffragettes n'hésitent plus à manifester dans les rues.

La Première Guerre mondiale va elle aussi œuvrer à asseoir la parité entre les sexes. Le départ massif des hommes et la peur du veuvage contraignent les femmes à assumer toutes sortes de tâches et de métiers qui étaient auparavant ceux des hommes. Les jeunes filles y prennent part, et comme les hommes sont rares, les parents se mettent à les laisser aussi libres que les garçons. Ce qui fait qu'après la publication, en 1922, du livre de Victor Margueritte, *La Garçonne*, on les appellera ainsi.

C'est à cette époque qu'il faut situer la fin du mariage

de convenance, arrangé par les parents. Une nouvelle éthique matrimoniale s'installe, voulant qu'il soit fondé sur des sentiments réciproques. Les mots « sexe », « vagin » ou « pénis » commencent à devenir courants. Le baiser profond sur la bouche, considéré comme un grave attentat à la pudeur par un arrêt de la Cour de cassation de 1881, se généralise. Petit à petit, le corps se dénude. Sur les plages, les femmes ne sont plus vêtues jusqu'au cou, comme au début du siècle. Elles portent des shorts ou des jupes-culottes. Et bien qu'on continue à cacher la sexualité aux enfants et à veiller sur la virginité des filles, les jeunes femmes commencent à se dire qu'amour et sexualité peuvent aller de pair et que, lorsqu'on est sûr de s'aimer, on peut aller plus loin. À la Belle Époque, un cinquième d'entre elles acceptaient les relations prénuptiales. Dans les Années folles, elles sont environ un tiers, et dans l'après-guerre, la moitié.

Durant la Seconde Guerre mondiale, les femmes sont nombreuses à s'engager dans la Résistance, et à la Libération, elles obtiennent enfin ce pour quoi elles se battent depuis plus d'un demi-siècle : le droit de vote et la fermeture des maisons closes. C'est ainsi, en octobre 1945, que s'amorce l'évolution des mœurs à laquelle nous sommes actuellement confrontés, lorsque la reconnaissance de la femme comme un individu à part entière se traduit par l'élection de trente-cinq d'entre elles à l'Assemblée générale constituante.

Cette subite multiplication par deux de la population des listes électorales augmente d'autant le nombre d'individus dont les pouvoirs politiques et sociaux vont devoir tenir compte. C'est un bouleversement démocratique sans aucun précédent. Entre l'homme et la femme, la parité va devoir s'imposer non seulement dans la vie professionnelle et salariale, mais aussi dans les relations de couple, l'éducation des enfants et les liens d'appartenance.

Un remaniement d'une telle ampleur ne pouvait avoir lieu en une seule génération. Pour en saisir le dynamisme, il faut donc le considérer dans une optique transgénérationnelle. Les formes sociales et culturelles de l'esprit sont, comme celles de l'individu, le produit d'un héritage. Et, de la même façon que l'on comprend ses propres particularités sexuelles en explorant comment les représentations de la mort et de la sexualité ont été transmises à ses parents et à ses grands-parents, c'est en établissant la généalogie de notre histoire des mœurs qu'on en cerne le mouvement évolutif.

À la Libération, la première génération d'hommes et de femmes égaux en droit fête cet acquis dans une frénésie d'amour. On s'épouse de plus en plus vite et de plus en plus jeune. C'est l'époque des « adolescents mariés » : des premiers pères à le devenir avant même d'avoir fini leurs études. La nouvelle égalité entre les sexes s'exprime dans l'apparition d'un terme nouveau, le mot « couple », qui détrône celui de « ménage ». On ne se met plus en ménage, comme cela se disait avant-guerre. Dorénavant, on veut former un couple fondé sur un amour sincère et réciproque, et non plus sur des convenances ou la pression des familles. Dans toute l'Europe, les courbes de natalité atteignent soudainement des sommets : c'est le *baby-boom*.

Cette idéalisation du couple et de la famille ne dure toutefois pas plus d'une génération. Une vingtaine d'années plus tard, avec l'arrivée à maturité sexuelle de la nouvelle, tout bascule. À partir de 1964, les taux de natalité sont en chute libre. L'institution du mariage se met elle aussi à dépérir. Prenant source dans les pays nordiques, une vague en faveur de l'union libre déferle sur l'Europe. Les nouvelles générations adoptent une attitude inverse de celle de leurs parents : on se marie de plus en plus tard et la proportion de célibataires s'accroît d'année en année.

Les femmes sont à nouveau à l'avant-garde de cet engouement massif pour l'union libre. Elles rejettent l'image de la femme qui a soutenu les idéaux de jeune fille de leurs mères : celle d'un être attentif et soumis à son époux, dans l'unité d'un couple stable. Les temps ont changé. En 1966, la pilule est apparue dans les pharmacies. Les filles-mères ne risquent plus d'être montrées du doigt. Crèches et allocations parentales leur permettent d'assumer de concert le travail et la maternité. Et en vingt-cinq ans, les naissances hors mariage qui, avant 1965, ne représentaient que 5 à 6 % des naissances, vont atteindre plus de 33 %.

Cette nouvelle génération prend ainsi le contre-pied de la précédente. Les femmes de la génération d'après-guerre se caractérisent par un mariage précoce, trois enfants en moyenne et très peu de divorces. La génération de leurs filles s'en prend à l'institution du mariage et fait remonter la courbe des divorces. Alors que leurs mères refusaient toute séparation, par peur d'en voir pâtir les enfants, elles affirment que maintenir une union malheureuse n'est pas un cadeau à leur faire. Non seulement, les couples ne se marient plus, mais ils se séparent à tour de bras, et l'accroissement des divorces atteint un tiers de la population mariée en 1975.

Cette génération est celle qui a vécu les événements de mai 1968, le féminisme, la vague de libération sexuelle des années 1970, la reconnaissance de l'homosexualité et des autres minorités sexuelles. Elle a connu la commercialisation de la pilule et rendu l'éducation sexuelle obligatoire. Elle a découvert que le bébé était une personne qui n'avait pas besoin de savoir parler pour comprendre ce qu'on lui disait. Elle a vu apparaître l'accouchement sans douleur, la participation des pères à la naissance et à l'accueil du bébé, la prolifération des crèches, des centres médico-psycho-pédagogiques et autres institutions pour enfants, la prise en charge de l'IVG par la Sécurité sociale, l'échographie, l'haptonomie [1], la péridurale et la procréation médicalement assistée. Or c'est cette même génération qui découvre aujourd'hui, avec stupeur, que l'incapacité des parents à parler de la sexualité n'a pas bougé depuis l'après-guerre, que ses enfants souffrent de n'avoir eu que la télévision et le cinéma pornographique pour éducation sexuelle, et que le suicide est devenu la deuxième cause de mortalité des adolescents.

Le fait que la psychanalyse qui s'est diffusée dans les institutions pour enfants n'ait été ni doltoïenne ni transgénérationnelle n'est pas pour rien dans ce désarroi sexuel. Comme je l'ai montré dans *Sans père et sans parole*, durant cette même période, la nouvelle législation de la paternité a dramatiquement privé les enfants d'un tuteurage paternel, en créant un monoparentalisme maternel d'une ampleur effrayante. Mais la cause la plus profonde de ce malaise sexuel réside dans le clivage entre la « maman asexuée » et la « méprisable putain » qui continue à hanter les générations actuelles.

C'est ce que l'on constate, par exemple, lorsque, après

1. Fondée par Frans Veldman, l'haptonomie est la science du contact affectif et tactile. Elle permet, entre autres, d'apprendre aux pères à communiquer avec leur fœtus.

la naissance d'un premier enfant, les couples consultent, en ayant perdu toute sexualité. Issus d'une tradition dans laquelle leurs parents faisaient tout pour paraître asexués, ils n'ont pas pu, enfants, se représenter leur sexualité. Or la répétition agissant, dès qu'ils deviennent parents, ils se retrouvent, eux-mêmes, asexués, sans comprendre ce qu'il leur arrive.

La culture du french cancan, du vaudeville et des maisons closes constitue un héritage sexuel encore plus encombrant. En effet, ne faut-il pas voir un retour fantomatique de la sexualité des maisons closes dans la sexualité adolescente de groupe que sont les « tournantes » ? Et que les tentatives de suicide des adolescents soient deux fois plus fréquentes chez les filles que chez les garçons ne souligne-t-il pas cruellement à quel point la sexualité féminine reste prisonnière du dix-neuvième siècle ?

Ainsi, bien que la psychanalyse ait envahi tous les secteurs de l'enfance, personne ne dénonce la catastrophe que représente, dans la construction de l'enfant, le fait que ses parents aient honte ou ne puissent parler des organes avec lesquels ils l'ont conçu. Le paradoxe est que, dans le domaine de l'enfance et de la parentalité, la plupart des innovations que la deuxième génération d'après-guerre a vues apparaître se sont faites au nom de « la santé de l'enfant ». Tout en croyant se battre pour le contraire, cette génération a donc, d'une certaine façon, reproduit l'impasse dans laquelle s'est embourbée la pédagogie sexuelle bourgeoise. Ce désir, tout à fait louable, de l'installer à l'avant-scène de notre évolution n'a, en effet, abouti qu'à une chose : mettre le maternel au pouvoir. Et ce, non seulement au détriment de la paternité, mais aussi au préjudice de la féminité.

Actuellement, ni les mères, ni leurs conjoints, ni la

presse, ni les structures sociales et scolaires ne se rendent compte à quel point le dix-neuvième siècle a dépossédé les femmes du droit à penser leur corps et leur sexualité. Qu'on se rappelle Sylvie évoquant sa mère qui, prise de panique à la venue de ses règles, et ne sachant comment lui expliquer ce qu'est une femme, en délègue la charge à son époux qui lui explique les abeilles. Elle ne dit pas que ses parents sont restés coincés dans un modèle culturel qui est celui du dix-neuvième. Mais en disant que sa mère est du « style confitures et bonbons roses », n'est-ce pas ce qu'elle laisse entendre ?

À une époque où le cinéma tient lieu d'éducation sexuelle, le silence des mères sur la sexualité est encore plus traumatique pour les filles que pour les garçons. N'étant pas dotées d'un organe qui leur permet de se différencier de leur mère, les filles ne peuvent pas, comme eux, contourner leurs identifications maternelles. C'est en premier à leur mère qu'elles s'identifient sexuellement. Et lorsque, enfants, elles se sont identifiées à une mère sans sexe, à l'adolescence, par peur de s'en prendre à elle, elles essaient de croire qu'elles refusent leur féminité. Ce qui les conduit trop souvent jusqu'à la tentative de suicide.

Or pour la femme, la sexualité n'est pas hors langage qu'avec les enfants. Face aux autres, dans sa vie sociale, elle n'en dit rien non plus. À la différence des hommes, les femmes évitent d'utiliser des mots tels que « vagin », « testicules », « vulve » ou « pénis ». Tout continue donc à se passer comme s'il leur était interdit d'appeler les choses par leur nom. Ou comme si elles ne possédaient toujours qu'un seul droit, celui de séduire, mais en ne laissant apparaître leur sexualité qu'à travers les parures vestimentaires ou le maquillage et jamais dans les mots.

On a vu, avec Léa, comment le silence ancestral de la femme sur tout ce qui concerne le corps et la jouissance sexuelle se transmet de génération en génération. Si la thérapie de cette fillette a pris la forme de neuf mois de silence, ce n'est pas parce qu'elle n'avait rien à dire, mais parce les filles se construisent en s'identifiant aux femmes adultes. Ne les entendant jamais parler de sexualité, elles en concluent que, face aux hommes, les femmes ne doivent rien laisser transparaître de leurs désirs intimes. Ce silence ancestral reste ainsi la première « ceinture de chasteté transmise par les générations antérieures [1] ». Se transmettant comme un « impensé » que nul ne songe à remettre en cause, il véhicule, sur un mode fantôme, les us, coutumes et pathologies de la société bourgeoise, en perturbant plus ou moins gravement la sexualité des couples.

Ainsi, pour la deuxième génération d'après-guerre, « la contraception, qui était censée permettre aux femmes de vivre pleinement leur sexualité, a surtout dévoilé le long chemin qui leur restait à parcourir pour s'approprier leur corps [2] ». En effet, comme l'explique celle que je cite ici, Danièle Flaumenbaum, la mère de mes enfants, qui est médecin gynécologue, c'est toujours « une douleur insupportable, pour elles, d'avoir à prendre conscience que leur chère maman ne leur a pas transmis qu'elles pouvaient être heureuses d'être elles-mêmes : d'être des femmes ». Par peur de s'en prendre à leurs mères, et alors même qu'on ne voit pas comment celles-ci « auraient pu transmettre ce qu'elles

1. Danièle Flaumenbaum, « Féminin-maternel », in Nina Canault, *Comment paye-t-on les fautes de ses ancêtres ?*, Desclée de Brouwer, 1998.

2. *Ibid.*

ignoraient[1] », elles ont tendance à considérer l'égalité des sexes comme un acquis, et non comme un processus en cours.

Le féminisme, ajoute Danièle Flaumenbaum, « a permis aux femmes d'accéder à la condition humaine, et grâce à lui, nous tendons vers la reconnaissance de l'égalité sociale. En revanche, il n'a engagé à aucune réflexion sur la féminité. Ce n'était pas son propos, car il faut d'abord exister avant de se différencier ». Mais comme « le rapport à l'homme y a été posé, la plupart du temps, en termes de rivalité, et non de travail sur soi-même, je reçois encore quotidiennement des femmes qui ont une énorme difficulté à accepter l'ignorance où elles sont de leur féminité. Elles la supposent acquise, ou allant de soi, alors qu'elles ne la réfèrent ni au plaisir sexuel ni à l'accueil du sexe masculin. Ce qui fait que ces femmes continuent, d'une manière ou d'une autre, à être insatisfaites, et ce n'est pas avec elles que les hommes peuvent fêter le mystère de la vie. Lorsqu'elles sont frigides, elles peuvent faire mener une vie infernale à leur époux, mais elles ne pensent pas y être, elles-mêmes, pour quelque chose. Ce qui, d'ailleurs, n'est pas tout à fait faux. Cette notion de plaisir ne leur a pas été transmise ou a été dénigrée et interdite[2] ».

Pour d'autres, « les difficultés sont telles, que la rencontre avec un partenaire ne se fait tout bonnement pas. Elles ne comprennent pas pourquoi les hommes ne viennent pas à elles. La plupart du temps, elles leur en veulent de ne pas les séduire comme elles aimeraient l'être ». Elles sont alors victimes de conceptions sexuelles fausses « qui dénient la

---

1. *Ibid.*
2. *Ibid.*

différence de comportement entre les hommes et les femmes », et « elles attendent, passives et malheureuses, dans l'inconscience totale de leur enfermement [1] ».

« Il y a aussi celles qui n'y arrivent pas », celles pour qui « la sexualité est problématique, impossible », ou chez qui « le désir qu'elles avaient pour celui avec qui elles vivent, a subitement, et sans raison aucune, disparu totalement. Ce qui est particulièrement fréquent après l'arrivée d'un enfant, et surtout du premier, quand la femme devient mère ». En effet, lorsque la femme n'a pu se doter, à l'âge œdipien, d'une fantasmagorie érotique propre, l'arrivé de l'enfant la réenracine dans la structure sexuelle de sa mère, en remettant en scène la façon dont son « sexe n'a jamais été vraiment à elle ». Mais que les femmes aient ou non des enfants, dès qu'elles tombent amoureuses, leur manque de construction sexuelle se manifeste à travers toutes sortes de symptômes physiques. Comme si leur sexe ne pouvait « être vivant que pathologiquement : il saigne ou il brûle. Bref, il y a toujours quelque chose pour empêcher que les préliminaires de la rencontre, le flirt, les caresses, puissent se prolonger par un accueil du pénis ». Et ce, « d'autant plus que la relation amoureuse est investie ou qu'elles s'installent avec un homme ». Alors même qu'elles se sentent amoureuses, « c'est la pénétration qui est difficile, voire impossible. Tout doit se passer en surface. Elles restent sèches, elles ont mal, ne ressentent rien, ou ne sont pas présentes ». Elles souffrent « d'inflammations du sexe, de cystites, de mycoses, de vaginites. La pilule leur donne des nausées, leur fait prendre du poids, leur fait mal aux seins, les rend

1. *Ibid.*

lourdes, les fait saigner, leur donne des jambes gonflées, les rend irritables, ou diminue leur désir sexuel[1] ».

Voilà comment se manifeste, dans un cabinet de gynécologie, l'absence de parole sur la sexualité dans les transmissions mère-fille. Dans celui du psychanalyste, la plainte est d'une nature semblable. Les femmes disent qu'elles refusent leur féminité ou qu'elles ont peur des hommes, qu'elles se trouvent trop timides, trop jeunes, trop masculines ou trop vieilles, que vivant seules depuis que leurs enfants sont partis, elles ne savent plus comment s'y prendre pour rencontrer un homme, qu'à leur âge, ceux-ci les fuient, ou qu'elles n'ont jamais pu atteindre l'orgasme. D'autres attendent en vain le prince charmant. Avec certaines d'entre elles, on peut cerner comment celui-ci s'est installé dans leurs structures psychiques : en l'absence de toute parole sur le corps et la féminité, leur construction œdipienne s'est limitée à une duplication inconsciente de la structure sexuelle de leur mère[2]. Dans ce cas, le prince charmant auquel elles rêvent ne s'est pas construit dans une fantasmagorie œdipienne propre, mais dans l'identification inconsciente à leur mère.

En dupliquant la langue de ses parents, l'enfant duplique leurs fonctionnements mentaux, leurs rêves, leurs désirs, leurs fantômes et leurs idéaux. En s'identifiant à sa mère, la fillette peut donc reprendre inconsciemment à son compte ses rêves inassouvis. Ce qui fait qu'à l'âge adulte, le prince charmant qui occupe ses pensées peut être celui que sa mère a, comme elle, attendu en vain. Il occupe alors

1. *Ibid.*

2. Voir à ce sujet Didier Dumas, « La dimension transgénérationnelle de l'œdipe », in *Et l'enfant créa le père*, *op. cit.*

assez fréquemment la place de « l'homme regretté » de la mère. Lequel est généralement le prétendant auquel son mariage l'a obligée à renoncer, mais dont elle a continué à rêver toute son existence, en se disant que, si elle l'avait épousé, sa vie n'aurait pas été cette somme de souffrances et de drames que lui a imposés son époux.

Les femmes qui me consultent après avoir lu mes livres ont souvent déjà fait une ou plusieurs psychanalyses ou thérapies d'un autre ordre. Dans ce cas, elles savent que ce dont elles souffrent s'appelle de l'hystérie et que l'hystérie est une absence de mots, un défaut de pensée, qui s'exprime par les voies somatiques. Afin de leur faire prendre conscience des racines culturelles et sociales de ce dont elles parlent, je leur demande :

– Vous arrive-t-il, à vous ou à vos copines, dans la vie quotidienne, à table ou avec des amis, d'employer le mot « testicule » ?

– Non, jamais.

– Et le mot « vagin » ?

– Non plus.

– Et croyez-vous qu'il soit possible de penser sans mots ?

– Non, bien sûr !

Elles comprennent ainsi qu'elles perpétuent un « vide de langage » qui est précisément celui par lequel on a dépossédé la femme du droit à penser son corps et sa jouissance. Ce qui les invite à considérer non seulement comment la féminité leur a été transmise par leurs mères et leurs grand-mères, mais aussi comment elle est pensée dans nos structures pédagogiques, culturelles et thérapeutiques.

Dans l'évolution des mœurs qui bouleverse actuellement notre monde, la place de la féminité est à ce point centrale qu'on ne peut enfermer les questions qu'elle soulève dans le seul registre de la psychologie. Toutefois, on ne peut pas davantage continuer, comme le font les journaux pour parents, à restreindre la construction sexuelle de la fille à l'angoisse que susciterait chez elle l'absence de pénis.

En accord avec ce qu'en pensait Freud, les psychanalystes ont longtemps considéré la jouissance féminine dans les seuls registres du clitoridien et du vaginal, en pensant que, lorsqu'elle se limite au clitoris, cela vient du désir de la fille d'être munie d'un pénis. Par exemple, la plus connue des fondateurs de la psychanalyse en France, la princesse Marie Bonaparte, qui souffrait de frigidité vaginale, s'est fait opérer à plusieurs reprises du clitoris après avoir cru comprendre cela dans l'analyse qu'elle a faite avec Freud. La théorie de l'œdipe féminin étant, à ce niveau, une théorie du garçon appliquée à la fille, ce n'est qu'en 1982, avec la publication de *La Sexualité féminine*[1] de Françoise Dolto, que les femmes ont pu commencer à penser leur sexualité autrement.

Pour Françoise Dolto, ce n'est ni du vagin ni du clitoris que dépend l'orgasme, mais de l'utérus. Le clitoris et le vagin jouent, certes, un rôle important dans le plaisir et l'union des énergies sexuelles. Mais, comme nous le verrons d'une façon plus approfondie dans la quatrième partie de ce livre, chez la femme, l'orgasme est déclenché par les mouvements du pénis qui, en heurtant le col de l'utérus, font résonner cet organe, dont les vibrations se répercutent dans tout le reste du corps. Ce qui veut dire que la plupart des frigidités ne proviennent pas, comme on le croyait à l'époque de Marie Bonaparte, d'une hypertrophie de la jouissance clitoridienne qui ne donnerait pas sa place au

---

1. Réédition Gallimard, 1999.

vagin, mais d'une immobilité utérine qui s'est structurée à l'âge œdipien.

Nous avons vu à propos de l'analité musculaire de l'enfant que l'érotisme des jambes commence à se construire au moment où, ayant acquis la mobilité de la plante du pied, l'enfant découvre la danse, en se balançant d'un pied sur l'autre. À cet âge, toutes les petites filles disposent d'un utérus mobile. Mais comme la mobilité de l'utérus est liée au balancement des hanches, et que, socialement, ce balancement caractérise les « vilaines filles », s'identifiant à leur mère, elles adoptent une immobilité du bassin semblable à la sienne. Ce qui a pour effet de paralyser leur utérus qui, dès lors, n'aura plus d'autre fonction que celle d'accueillir l'enfant. En outre, comme les sexologues, les médecins et les médias continuent à ne prendre en compte, dans la jouissance féminine, que le vagin et le clitoris, lorsque les femmes souffrent d'une immobilité utérine, elles n'ont aucun moyen de s'en rendre compte. Dans ce cas, le vagin étant érogène, la pénétration procure une jouissance qui est le premier palier de l'orgasme. Mais leur utérus s'étant immobilisé à l'âge œdipien, elles ne connaissent rien d'autre. Cette jouissance ne leur permet pas, comme le disent les autres, de « ressentir l'énergie masculine dans toutes les cellules de leur corps » ou de « voir toutes les étoiles ». Or si elles croient que la sexualité féminine n'implique que le vagin ou le clitoris, ni elles ni leur conjoint ne peuvent y voir un défaut de construction sexuelle. La seule chose qui le signale alors est que les femmes qui disposent d'un utérus mobile ont les mêmes besoins sexuels que les hommes. Elles les sollicitent autant qu'eux, alors que, lorsque leur utérus s'est immobilisé à l'âge œdipien, c'est toujours l'homme qui en redemande et jamais elles.

Comme cela a déjà été dit, si la psychanalyse a mis autant de temps à percer les mystères de ce « continent noir » qu'était pour Freud la féminité, c'est parce que la théorie freudienne n'est pas à proprement parler une théorie de l'amour charnel. Si on a eu tendance à penser le contraire, c'est qu'elle est apparue, à la fin du dix-neuvième siècle, comme le « remède miracle » d'une société que l'alliance occulte du médecin, du prêtre et de la mère bourgeoise avait rendue gravement malade. En réalité, la théorie freudienne ne prétend expliquer ni le plaisir érotique ni l'orgasme. Elle se contente de renvoyer les questions qu'ils soulèvent au champ plus vaste des rapports que l'enfant a noués avec ceux qui l'ont accueilli et avec qui il a vécu sa première et plus grande histoire d'amour : ses parents. Elle a ainsi laissé dans l'ombre tout le registre de la communication érotique, au point que les rares auteurs qui, comme Otto Gross, Wilhelm Reich ou Françoise Dolto, ont cherché à en approfondir les processus n'ont guère trouvé audience auprès de leurs collègues.

Troisième tableau

D'Ève à Dolto

Éros : le dieu des retrouvailles du bébé en soi-même

L'amour, la capacité de se donner totalement à celle ou celui que l'on aime, en le suivant dans ses rêves et ses projets, est, à l'origine, une qualité de nourrisson. C'est la confiance absolue de l'enfant en sa mère, la faculté de se livrer entièrement à elle, en l'accompagnant dans sa vie, ses désirs et son destin. L'amour remet en jeu cette grâce de l'enfant naissant qui se donne à ses parents dans une confiance absolue : un beau matin, la rencontre de l'être aimé rend capable de tout lâcher, de s'offrir totalement à lui, en adoptant ses rêves et ses projets.

Que l'état amoureux remette en scène la fraîcheur du bébé n'est pas une idée neuve. C'est la conception grecque de l'amour, personnifiée dans la figure d'Éros, le dieu Amour, un nourrisson ailé qui ouvre de ses flèches le cœur des amants.

Éros, dieu de l'union et des affinités irrésistibles, est non seulement un éternel bébé, mais un bébé dont le pouvoir, entièrement consacré à l'union, met en danger sa possibilité de grandir : il lui est impossible de se développer sans un frère. C'est ce que découvre Aphrodite, sa mère, après l'avoir mis au monde. S'empressant de lui en donner un, elle engendre Antéros, le dieu de l'aversion et de l'antipathie, dont la charge est d'empêcher que des êtres de nature dissemblable en viennent à se confondre.

Cette mythologie qui fait partie de notre héritage culturel est fort belle. La conception de l'amour que présente Socrate, dans *Le Banquet* de Platon, ne l'est pas moins. *Le Banquet* est l'histoire d'un repas au cours duquel des intellectuels d'Athènes confrontent leurs idées sur l'amour. Aristophane explique le désir sexuel en racontant le mythe de l'androgyne : à l'orée des temps, les hommes étaient pourvus de quatre bras et quatre jambes, mais, confrontés à leur arrogance, les dieux les ont coupés en deux, et depuis, ils n'ont de cesse de chercher en l'autre leur partie manquante. Socrate, quant à lui, prend la parole après Agathon, un auteur à la mode qui a fort joliment énoncé une suite de banalités sur le thème « Amour n'est que beauté, amour n'aime que le beau ». Il lui dit à peu près ceci :

– Mon cher Agathon, je pensais comme toi jusqu'au jour où une femme m'a ouvert les yeux. Tu dis qu'Amour est beau et qu'Amour ne cherche que le beau. Or toi-même désires-tu ce que tu possèdes ?

– Non, bien sûr, lui répond Agathon. Je désire ce que je ne possède pas.

– Eh bien alors, pourquoi n'en serait-il pas de même pour Amour ? Si Amour désire le beau, cela signifie qu'il en est dépourvu, et donc qu'il est laid.

Socrate argumente ainsi pour en arriver à l'idée qu'Amour n'est ni laid ni beau, mais les deux à la fois, ce qui fait de lui un démon. Un démon, non pas, comme celui des religions bibliques, privé de tout accès au Ciel, mais une créature tout à la fois divine et terrestre dont le rôle est d'établir des liens entre ces deux espaces.

Pour Socrate, Amour est un entremetteur entre le monde des hommes et celui des dieux. C'est en cela qu'il est aussi beau que laid. Il est, tout à fois, la beauté du Ciel et la laideur de la Terre, l'immortalité divine et la mortalité terrestre. C'est un médiateur entre le périssable et l'éternel, une divinité intermédiaire qui, mêlant la mortalité à l'immortalité, établit une liaison entre la matérialité du corps et l'immatérialité de l'esprit, la mortalité de la chair et l'immortalité de l'âme.

Contrairement aux Grecs et aux Romains, Freud n'a pas saisi la place qu'occupent les retrouvailles avec sa peau de bébé dans la sexualité. Ce qui est d'autant plus surprenant qu'il a fait d'Éros un concept majeur, puisqu'il l'a assimilé à la *pulsion de vie*, en l'opposant à Thanatos, le dieu de la mort, dont il a fait la *pulsion de mort*. Il a donc non seulement négligé qu'Éros ne peut pas vivre sans son frère Antéros, mais que Thanatos a aussi un frère : Hypnose, son jumeau, qui est le dieu du sommeil, de l'oubli et le père des songes. S'il a ainsi éliminé les figures fraternelles d'Éros et de Thanatos dont ils sont indissociables, c'est parce que, dans « l'auto-analyse » à partir de laquelle il a élaboré sa théorie, la question du frère est un « point aveugle » : un élément incompris ou inanalysé de son enfance. En effet, Freud a, toute sa vie, été hanté par la mort de son frère puîné, Julius, décédé lorsqu'il avait dix-huit mois. Or, comme je l'ai montré dans *Hantise et clinique de l'Autre*[1], le décès du petit Julius Freud est survenu un mois,

1. Didier Dumas, *Hantise et clinique de l'Autre*, Aubier, 1989.

jour pour jour, après celui du frère puîné d'Amalie, Julius Nathansohn. Ce qui indique que cette mort était due à un fantôme de sa lignée maternelle. Mais, bien que Freud se soit posé la question des transmissions généalogiques, dans ses élaborations de jeunesse, il a ensuite fermement refusé de concevoir l'inconscient sous cet angle.

Son refus de comprendre la dimension transgénérationnelle de l'esprit est l'une des raisons qui l'ont empêché de produire une théorie de l'amour, l'autre étant, on l'a vu, qu'il n'a pas dissocié la sexualité charnelle du bébé de celle, platonique, de l'enfant. Les thérapeutes continuent ainsi à avoir tendance à les assimiler l'une à l'autre. En réalité, la sexualité du bébé est centrée sur la bouche et installe le registre des sensations, alors que celle de l'enfant part du cœur et construit celui des sentiments. Il est important d'aborder la sexualité adulte ainsi, car l'une de ses difficultés les plus fréquentes provient justement d'une séparation, d'un clivage ou d'une absence d'articulation entre ces deux registres, qui aboutit à ce que sentiments et sexualité se tournent le dos.

En élaborant la théorie de l'œdipe, Freud n'a pris en compte que la dimension la plus tardive de la construction sexuelle. Il a considéré l'œdipe au cours duquel se construit le registre des sentiments et la capacité de tomber amoureux, mais il a trop sommairement traité des périodes qui précèdent l'œdipe, au cours desquelles se constitue la mémoire des sensations, qui est celle de l'érotisme. Le corps-à-corps érotique implique de pouvoir retrouver l'enfant que l'on a été, mais aussi la capacité, propre au nourrisson, de savoir communiquer avec sa peau. Comme Freud nous l'a appris, les rêves de l'enfant sont à l'œuvre dans la rencontre amoureuse. Mais, dès qu'on se touche, on renoue avec un mode de communication qui a tout d'abord été celui du bébé et, auparavant, du fœtus.

Le corps érotique et la « peau » de l'esprit

Le corps érotique qui s'épanouit dans l'univers des sensations et des images n'est pas le corps physique. Tout à la fois céleste et terrestre, le corps de l'amour est à l'image d'Éros. Il met en jeu l'anatomie corporelle, mais il implique surtout la dimension la plus intime de l'esprit. La jouissance sexuelle réclame en effet un investissement mental particulier du corps, qui fait du voyage érotique une envolée dans un monde de sensations et d'images. Le poids et les repères avec lesquels on ressent habituellement son corps en sont complètement bouleversés. C'est ainsi, dégagés du poids de la gravité terrestre, comme Éros, le nourrisson ailé, que les amoureux atteignent le septième ciel.

Signalant cet investissement particulier de la psyché dans le corps, la magie sexuelle est tout d'abord celle de l'érection. L'érection est une réponse sensorielle à l'accueil réel ou fantasmé de celle à qui elle est adressée. Toutefois, ce n'est que d'un point de vue mécanique que l'homme pénètre et que la femme le réceptionne. La communication amoureuse est une compénétration vibratoire, énergétique et sensorielle réciproque. Les impliquant tous deux, son intensité est due à un contact inhabituel, celui des muqueuses. Dans la pénétration, le pénis n'est pas plus extérieur que le vagin. Il disparaît dans le corps de la femme. Le décalottage du gland est une sortie des muqueuses qui, s'associant ainsi à celles de la femme, établit un contact d'intérieur à intérieur. Ce toucher interne fait que les facultés perceptives, habituellement dirigées vers l'extérieur de nous-mêmes, se retournent dans une compénétration réciproque. Les corps tendent à ne faire plus qu'un, et la jouissance sexuelle cherche alors au plus profond de soi et de l'autre les énergies, les sensations et les images qui l'animent. Que le contact des muqueuses s'effectue par l'une ou l'autre des ouvertures du corps ne modifie cette intensité qu'en fonction des particularités fantasmatiques de chacun. La profondeur de l'échange amoureux ne dépend en effet pas tant d'un emboîtement physique que de la force avec laquelle les esprits s'y investissent. D'ailleurs, sans cet investissement, la pénétration ne produit pas de jouissance.

Ce n'est qu'au lit, lorsqu'il est la proie de ses fantasmes, que le masochiste éprouve du plaisir à se faire battre. Le reste du temps, il n'apprécie guère de recevoir des coups. Il en va de même lorsqu'un médecin effectue un toucher vaginal ou anal. La jouissance implique la compénétration des chairs, mais en dehors de cet investissement mental que sont les désirs et les fantasmes, elle perd toute existence. C'est aussi ce que chacun peut constater dans la masturbation, puisque sans fantasmes, la main n'y suffit pas.

L'activité sexuelle n'est pas, comme l'ont prétendu les théories hygiénistes de la médecine bourgeoise, une simple affaire de corps, mais une activité mentale particulière, aussi indispensable à la survie de l'espèce qu'à la maturation de l'individu. Le désir sexuel ne dépend pas du corps, mais de l'esprit, de sa capacité à assumer l'intimité d'une communication muette et sensorielle, en rejetant l'usage habituel des mots au profit d'un dialogue vibratoire dont les corps deviennent les caisses de résonance.

Que la jouissance sexuelle soit sous la gouverne de l'esprit, et non du corps, n'éclaircit pas pour autant son mystère. En effet, en l'état actuel de nos connaissances, nous ne sommes pas en mesure de comprendre le fonctionnement du cerveau. Pour Gerald Edelman, neurologue et prix Nobel, cet organe est non seulement « l'objet matériel le plus complexe que nous connaissions dans l'univers », mais, de plus, on ne trouve « rien dans la composition de base du cerveau qui puisse nous renseigner sur la nature des propriétés mentales[1] ». La variabilité de forme des cellules nerveuses est infinie. Il n'existe pas deux neurones semblables, et à un niveau microscopique, chaque cerveau est différent de tous les autres.

De plus, nous savons que cet organe ne nous présente pas la réalité telle qu'elle est. Nous croyons en effet voir le monde avec nos yeux, or nous le voyons avec notre cerveau. Les images à travers lesquelles il nous le montre sont en effet très différentes de celles que captent nos yeux. Tel que les yeux le captent, le monde extérieur est dépourvu de couleurs et ne présente aucune ligne franche. Il est comme un tableau pointilliste constitué de petites taches de lumière. Ce que les yeux perçoivent est décomposé, disséqué et analysé en diverses zones du cerveau. Après quoi, celui-ci reconstruit les images perçues par les yeux. Mais il utilise pour cela beaucoup plus sa mémoire que ce que ses yeux ont capté, et il y ajoute toutes sortes de choses, comme les lignes franches et les couleurs. Ainsi, comme l'explique Jacques Ninio dans *L'Empreinte des sens*[2], le cerveau ne nous présente pas la

1. Gerald M. Edelman, *Biologie de la conscience*, Odile Jacob, 1992.
2. Jacques Ninio, *L'Empreinte des sens*, Odile Jacob, 1989.

réalité telle qu'elle est, mais telle que nous nous attendons à la voir.

Voilà qui explique que l'érotisme puisse amplifier les qualités de l'être aimé, si ce n'est les inventer de toutes pièces. La façon dont nos structures mentales ont tendance à projeter nos rêves et nos désirs sur l'élu de notre cœur peut ainsi nous jouer de fort mauvais tours : faire que l'homme aimé se révèle très différent du prince charmant qu'a vu en lui la jeune fille, ou que la déesse à laquelle l'homme a livré les clés de son âme cache une redoutable croqueuse de diamants.

L'esprit s'exprime à travers un système de représentations principalement constitué d'images, de sensations et de mots. Ce système est la seule chose que nous en percevons, puisque nous n'avons pas plus accès aux mécanismes d'où surgissent les pensées qu'à ceux dont dépend la vie de nos organes. Qu'il s'agisse du nôtre ou de celui de notre voisin, nous ne percevons l'esprit que lorsqu'il s'exprime, mais de plus, nous n'avons accès qu'à sa dimension la plus externe. Nous ne voyons du corps que sa peau. De la même façon, nous ne percevons que l'extérieur de l'esprit, sa surface, son enveloppe ou sa « peau », c'est-à-dire le système de représentations à travers lequel il s'exprime.

La peau est constituée de trois feuillets ou trois couches, l'endoderme, le derme et l'épiderme. Toute séparation entre deux territoires implique en effet trois espaces : l'un qui marque la fin du premier territoire, l'autre, l'entrée du second, et entre les deux, un *no man's land* ou un sas. Pour passer une frontière, on rencontre d'abord la douane du pays d'où l'on sort, on traverse ensuite un espace neutre, puis on passe la douane du pays où l'on se rend. La « peau de l'esprit » n'échappe pas à cette règle. Notre système de représentations est constitué de trois feuillets de représentations : les sensations, qui nous renseignent sur notre intériorité, les mots, dont dépendent nos relations externes, et les images, qui établissent des liens entre ces deux registres.

La *peau de sensations*, qu'on pourrait aussi appeler « l'endoderme de l'esprit », est la plus ancienne de ces trois enveloppes mentales. C'est la couche la plus interne de notre appareil à sentir, à penser et à communiquer. Elle commence à se structurer au stade fœtal pour devenir, chez le bébé, un mode de communication vital, faisant que, si les nourrissons manquent de caresses, ils peuvent en mourir. Les sensations gouvernent le rapport à l'interne. Elles nous renseignent sur la dimension la plus matérielle de nous-même et forment l'enveloppe mentale la plus interne ou la plus proche du corps. Elles signalent les intrusions extérieures, ou, au contraire, les sollicitent, comme dans la sexualité, où la peau de sensations retrouve la fraîcheur qu'elle avait chez le bébé.

Notre enveloppe mentale la plus extérieure est le langage. La *peau langagière* est celle qui régit les rapports que nous entretenons avec les autres et dont dépend la dimension sociale et collective de notre existence. C'est celle qui se construit le plus tardivement, lorsque l'enfant se met à parler, vers deux ou trois ans.

Entre les mots et les sensations, se situe la troisième des grandes catégories de représentations à l'œuvre dans un cerveau humain : la *peau d'images*. Les images mentales s'intercalent entre les sensations et les mots. Elles établissent des liens entre l'univers des sensations et celui de la parole. Ce qui est précisément le rôle des fantasmes sexuels et explique que, dans l'érotisme, les images ont une place aussi prépondérante que les sensations.

La résonance sexuelle et l'éjaculation

À la différence des autres mammifères, l'homme est doté d'une double existence : il existe non seulement dans un corps, mais aussi dans un nom. Le corps lui donne son existence matérielle. Le nom l'installe dans cette existence immatérielle qui est celle de l'esprit. Le corps est constitué de molécules et d'atomes. L'esprit n'a, lui, ni poids ni matière. Il se déploie dans une dimension de la réalité physique qui est celle des ondes ou des vibrations. Les mots sont des vibrations sonores, les images que captent nos yeux, des ondes ou des vibrations lumineuses, et les sensations qui nous informent de la vie de notre corps sont elles aussi de nature vibratoire. En physique, on considère que les vibrations se propagent dans l'espace, en y créant des champs. Lorsque par exemple nous prononçons un mot, nous créons un champ vibratoire allant de notre bouche à l'oreille de celui qui le capte. Dans la réalité matérielle ou physique, les représentations correspondent ainsi à des champs vibratoires qui permettent à nos esprits d'échanger des informations.

L'une des facultés propres aux vibrations est ce que les scientifiques appellent la *résonance*. La résonance est la façon dont deux forces vibrantes peuvent s'unir dans la même activité, pour en former une autre dont l'amplitude sera augmentée d'autant. C'est, par exemple, ce qui se passe lorsque deux personnes chantent à l'unisson. Si elles chantent les mêmes notes au même tempo, il devient impossible de distinguer laquelle des deux chante. Les voix, étant entrées en résonance, ne forment plus qu'un seul son. Elles se sont dissoutes dans le même espace vibratoire, en y additionnant leurs puissances.

La résonance s'applique aussi à l'action d'une force vibrante ou périodique sur n'importe quel système mécanique. On dit alors qu'il y a résonance lorsque la fréquence de cette force devient égale à celle du système. C'est ce qui explique que des soldats traversant un pont suspendu au pas cadencé puissent le faire s'écrouler : le pont est un système mécanique possédant une fréquence propre, la marche cadencée, une force périodique qui s'exerce sur lui. Si la fréquence de la marche est égale à celle du pont, celui-ci se met à vibrer à son amplitude maximale et peut alors s'écrouler. Ceci est valable pour tout système mécanique ou électrique. Or la mobilité des os, des muscles et des chairs étant, malgré sa complexité, un système semblable, cela va nous permettre de comprendre comment se déclenche l'éjaculation.

Dès que les amants se touchent et se pénètrent, Éros modifie la façon dont leurs structures mentales fonctionnent le reste du temps. Les vibrations des souffles et des énergies sexuelles entrent en résonance. Elles les installent dans un espace vibratoire commun qui, devenant deux fois plus puissant, est ressenti comme une énergie qui transcende les frontières des corps.

Imaginons un violon et un violoncelle jouant le même air. Ils produisent ces vibrations mélodieuses dont est faite la musique. Leur accord ne provient pas des instruments, mais de la virtuosité de ceux qui en jouent. Or il en va de même dans l'amour où la jouissance est une forme charnelle de musique. Dans la musique, le son est amplifié par les caisses de résonance que sont les instruments. Dans l'amour, ce sont les corps qui assument cette fonction. L'intensité et la volupté du plaisir érotique viennent de l'union vibratoire dans laquelle les esprits se rejoignent. Elle est gouvernée par les partitions imaginaires où s'accordent les psychés, et les clefs de la jouissance sont à rechercher dans la résonance des sensations et des fantasmes.

Dans sa consistance vibratoire, le plaisir sexuel peut se concevoir comme du verbe sans parole. Un verbe plus dense et plus universel que les mots, mais dont la « phonétique musicale » échappe à l'entendement courant, langue universelle : une langue de souffles. Elle est en cela semblable à celle avec laquelle le dieu biblique a créé l'homme et l'univers, et qui était encore en usage avant qu'il fasse s'écrouler la tour de Babel. L'union sexuelle est la tentative de retrouver cette langue universelle. Or si les incroyables envolées de l'amour sont aussi éphémères que l'a été la tour, c'est parce que l'union vibratoire des corps est une construction aussi fragile qu'elle. Comme la tour ou le pont traversé par des soldats au pas cadencé, l'univers paradisiaque de la jouissance est destiné à s'écrouler lorsque la fréquence des vibrations érotiques atteint son amplitude maximale. C'est ainsi que, semblable aux foudres de Dieu, l'éjaculation fait retomber les amoureux sur terre.

Ève : le serpent, l'arbre et la Connaissance

Toute la spiritualité biblique repose sur le fait que l'être humain est créé en deux temps : une première fois le sixième jour, lorsque Dieu l'installe dans son âme ou ses structures mentales, une seconde, le septième, lorsqu'il le matérialise, en le dotant d'un corps. Dans la Bible, l'homme apparaît ainsi comme une créature ayant à concilier une double existence : celle de l'esprit, qui fait de lui un descendant divin, et celle du corps, faisant que sa façon de s'accoupler ne diffère guère de celle des autres mammifères. Sa difficulté à assumer son corps, sans pour autant déchoir du statut divin où l'installe le langage, est ainsi le premier écueil de l'incarnation, comme l'illustre l'histoire d'Adam et Ève qui, une fois incarnés, ont eu tendance à prendre leur corps pour leur seule réalité et à oublier leur filiation divine.

S'emparant de ce mythe et considérant le serpent du jardin d'Éden comme la première figure du Diable, les religieux occidentaux en ont conclu que les sensations étaient l'un des domaines privilégiés de l'emprise satanique. Cette interprétation qui relègue l'érotisme dans la part animale de l'homme est aberrante. Elle occulte le fait que la sexualité y est présentée comme la porte de la Connaissance. Cette dénaturation du propos biblique a engendré, dans notre culture, une profonde chute. Non pas celle que les religieux ont appelée la « faute » ou le « péché originel », mais une chute vertigineuse des valeurs érotiques. Laquelle a fait déchoir tout le registre des sensations de son statut mental pour l'assujettir, pendant des siècles, à la seule matérialité de la chair et devenir, au dix-neuvième siècle, la caution religieuse des délires sexuels de la médecine bourgeoise.

Assimiler le serpent du jardin d'Éden au Diable, c'est non seulement lui faire endosser la peau d'un personnage qui n'a rien à voir avec ce que le serpent représentait à l'époque où a été écrit ce texte, mais c'est surtout le déposséder de sa fonction d'initiateur. Dans ce mythe, le serpent joue en effet un rôle semblable à celui d'Éros, tout en se comportant comme ces divinités enseignantes que sont, dans le chamanisme, les Animaux de Pouvoir, avec lesquels les chamans nouent des liens, dans leurs transes ou leurs voyages, afin qu'ils leur apprennent la nature des énergies à l'œuvre dans la nature, le corps, la maladie et la santé. Cet animal qui se déplace comme une onde assujettie à la surface du sol représente donc, dans la Genèse, ce qu'il symbolise sur le caducée de la médecine, comme dans toutes les mythologies de l'époque : les énergies de la terre, du corps, et par extension, de la féminité.

Dans les religions de l'Antiquité, le serpent est l'un des attributs de la plupart des déesses-mères. En akkadien[1], il n'existe qu'un seul mot pour désigner la vie et le serpent. Et dans la Bible, si c'est à Ève, et non à Adam que ce représentant des énergies de la terre et du corps révèle le mystère de la sexualité, c'est qu'il représente aussi les énergies féminines qui mettent l'homme en érection. De plus, il est indissociable de l'Arbre de la Connaissance dont Dieu a interdit l'accès, afin de protéger sa progéniture des vicissitudes que sont le « bon » et le « mauvais ».

Dévoilant les secrets de l'Arbre, le serpent est un initiateur. Il informe Ève de ce que, dans le domaine sexuel, chaque génération doit redécouvrir, en lui indiquant très clairement que le prix à payer pour avoir accès à la Connais-

1. La langue des civilisations mésopotamiennes, aussi appelée le chaldéen, qui est devenue celle des Hébreux durant l'exil à Babylone (587-538 av. J.-C.) et qui était parlée dans toute la région du Croissant fertile.

sance est la sexualité mais aussi la mort. Ève lui dit : « Nous pouvons manger du fruit des arbres du jardin, mais, du fruit de l'arbre qui est au milieu du jardin, Dieu a dit : "Vous n'en mangerez pas et vous n'y toucherez pas afin de ne pas mourir." » L'animal lui répond : « Non, vous ne mourrez pas, mais Dieu sait que le jour où vous en mangerez, vos yeux s'ouvriront et vous serez comme des dieux possédant la connaissance de ce qui est bon ou mauvais[1]. » Il lui explique ainsi que la sexualité donne accès à l'Autre réalité, celle des dieux et de l'esprit, mais qu'elle ne peut se concevoir indépendamment de la mort, sans laquelle elle n'aurait aucune raison d'être.

En associant de cette façon le sexe à la mort, la Genèse considère ce qui se passe pour tout adolescent lorsque arrive la maturité sexuelle. On l'a vu à propos de la fréquence des tentatives de suicide qui marque cet âge : tant qu'il est pris en charge par ses parents, l'enfant leur délègue le soin de penser sa mortalité à sa place, alors qu'à l'adolescence, vivre sa sexualité implique de pouvoir prendre soi-même sa mortalité en charge. Voilà pourquoi, traitant ici de l'adolescence d'Adam et Ève, la Bible fait de la sexualité la porte de la Connaissance en l'associant à la mort.

C'est donc en jeune fille correctement informée qu'Ève convainc Adam de goûter au fruit de l'Arbre et que, poussé par le désir de savoir, Adam abandonne celui que le texte appelle alors « son père et sa mère » pour « s'attacher à sa femme » et devenir avec elle « une seule chair[2] ».

Dans la Bible, « connaître » et « pénétrer » correspondent au même mot. C'est le double sens que prend ce

---

1. Genèse III, 2-5. Traduction œcuménique, éditions du Cerf.
2. Genèse II, 24. Traduction œcuménique, *op. cit.*

terme quand Adam et Ève découvrent la sexualité, et c'est le même mot qui est employé lorsque les habitants de Sodome veulent forcer la porte de Loth pour « connaître », c'est-à-dire sodomiser, les émissaires de Dieu qui lui ont rendu visite [1], ou lorsque Dieu explique à Abraham pourquoi il a voulu le « pénétrer [2] » ou « le connaître [3] », ce qui mérite qu'on s'y arrête.

Dans la construction de l'être humain, la pénétration est en premier celle du sein. L'enfant ne connaissant auparavant qu'une matrice, c'est en tétant qu'il découvre sa mère. À l'âge adulte, cette pénétration qui nourrit, revitalise et régénère l'existence devient celle du pénis. Mais comme la Genèse traite de la construction spirituelle de l'homme, elle considère que la pénétration masculine met, tout d'abord, en jeu celle de l'esprit. Au début de la Bible, la pénétration est celle de l'Esprit divin qui, pénétrant Adam, lui transmet la parole. C'est ce sens qu'a ce terme lorsque Dieu « pénètre » Abraham, et c'est aussi celui qu'il prend, au jardin d'Éden, lorsque l'esprit d'Adam pénètre les intentions d'Ève et la comprend. Ce que le texte biblique entend par Connaissance est ainsi un savoir qui, étant celui de la vie, s'acquiert en premier dans le rapport aux autres. C'est en cela que la Connaissance se différencie du savoir universitaire, mais c'est aussi pourquoi l'érotisme en est la porte.

Nous avons vu que la jouissance sexuelle réalise les retrouvailles avec une connaissance oubliée, celle des rela-

1. Genèse XIX, 5. Traduction œcuménique, *op. cit.*

2. Genèse XVIII, 19. Traduction André Chouraqui, Desclée de Brouwer.

3. Genèse XVIII, 19. Traduction œcuménique, *op. cit.*

tions charnelles à travers lesquelles nous nous sommes construits dans la petite enfance. En transgressant l'interdit de toucher au fruit de la Connaissance, Adam et Ève réactualisent donc un savoir inconscient : ils retrouvent le mode de communication que l'enfant a connu dans les bras de sa nourrice. Ils ne commettent pas une « faute ». Ce mot dont on a fait le « péché originel » n'apparaît pas à cet endroit du texte, mais plus loin, à propos Caïn. C'est donc Caïn qui commet le « péché originel » en tuant son frère Abel. Alors qu'ici, Adam et Ève ayant atteint l'âge où il faut se défaire de la dépendance aux parents et les quitter, s'opposent au désir de Dieu de les maintenir dans l'immortalité. Et, assumant de devenir mortels, ils découvrent ce que le serpent a expliqué à Ève : que la sexualité est une ouverture des yeux sur l'Autre réalité et les jardins secrets de sa nudité intérieure.

Le texte dit : « Leurs yeux à tous deux s'ouvrirent. Ils surent qu'ils étaient nus. Ayant cousu des feuilles de figuier, ils s'en firent des pagnes[1]. » Contrairement à ce que s'est empressée de croire la bourgeoisie chrétienne du dix-neuvième siècle, ils ne découvrent pas la honte : ils se confectionnent des parures pour fêter ce qu'ils viennent de découvrir.

L'ouverture des yeux d'Adam et Ève est une métaphore de ce que nous appelons aujourd'hui le fantasme. C'est une ouverture sur la profondeur de leurs paysages intérieurs. La nudité qu'ils fêtent n'est pas celle, extérieure, de la peau, mais celle, intérieure, des énergies de vie que la peau masque et recouvre. C'est la nudité du *corps de souffle* : celle

1. Genèse II, 7. Traduction œcuménique, *op. cit.*

de l'esprit avec lequel ils ont été créés, le sixième jour, avant que Dieu ne les ait vêtus d'un corps, le septième.

En présentant ainsi la sexualité d'Adam et Ève à travers un seul organe, les yeux, la Genèse souligne le rôle des images mentales dans la sexualité humaine, qui est, comme on l'a vu, d'établir des liaisons entre la *peau de sensations* et la *peau langagière*. Loin d'assujettir la sexualité à la part animale de l'homme, le texte la présente au contraire dans sa dimension spécifiquement humaine. Il laisse de plus en percevoir la première difficulté, puisque, dans l'amour, c'est en effet le rapport aux images mentales, l'incapacité d'assumer ses fantasmes ou ceux de son partenaire, qui aboutit à ce que les sentiments et les désirs sexuels ne peuvent s'associer dans le même projet ou se vivre avec la même personne.

Marie : l'ombre de Dieu et la virginité de Joseph

La place centrale des yeux dans la sexualité d'Adam et Ève se retrouve dans ceux de la Vierge, tournés vers le ciel d'où est issu Jésus. Jésus n'est pas le premier à bénéficier de la même origine divine qu'Adam et Ève. Avant lui, Isaac a lui aussi été conçu grâce à l'intervention de Dieu, en dépit de la stérilité et du grand âge de Sara, sa mère. De même Jean-Baptiste, qui le précède, et dont la mère, Élisabeth, avait depuis longtemps atteint l'âge de la ménopause. Comme eux, Jésus est donc tout à la fois le fils de ses parents et celui de la grâce divine. Sa conception ne diffère que par la virginité dont l'Église a auréolé sa mère.

Or Françoise Dolto a montré[1] que cette virginité ne concernait pas que Marie mais ses deux parents, puisque Joseph et Marie sont tous deux visités par un ange, elle en plein jour, lui en pleine nuit.

Les Évangiles expliquent la dimension miraculeuse de la conception de Jésus en la référant à la théorie du Souffle que Dieu a légué à Adam et Ève et dont la transmission, d'une génération à l'autre, dépend des pères, et non des mères[2]. C'est la raison pour laquelle ce texte ne s'ouvre pas sur Marie, mais sur Joseph qui est le premier à être visité par l'Ange. Que Jésus soit son fils ne fait aucun doute : le premier des Évangiles, celui de Matthieu, commence par présenter sa généalogie paternelle, laquelle remonte jusqu'à David et Abraham. Après avoir ainsi présenté Jésus comme le descendant direct d'Adam en lignée paternelle, le texte raconte comment Joseph a été informé de son origine divine :

« Voici quelle fut l'origine de Jésus-Christ. Marie, sa mère, était accordée en mariage à Joseph ; or avant qu'ils aient habité ensemble, elle se trouva enceinte par le fait de l'Esprit Saint. Joseph, son époux, qui était un homme juste et ne voulait pas la diffamer publiquement, résolut de la répudier secrètement. Il avait formé ce projet, et voici que l'Ange du Seigneur lui apparut en songe et lui dit : "Joseph, fils de David, ne crains pas de prendre chez toi Marie, ton épouse : ce qui a été engendré en elle vient de l'Esprit Saint, et elle enfantera un fils auquel tu donneras le nom de Jésus, car c'est lui qui sauvera son peuple de ses péchés." Tout

---

1. Françoise Dolto, Gérard Sévérin, *L'Évangile au risque de la psychanalyse*, Le Seuil, 1980.

2. Voir à ce sujet Didier Dumas, *La Bible et ses fantômes*, Desclée de Brouwer, 2001.

cela arriva pour que s'accomplisse ce que le Seigneur avait dit par le prophète : "Voici que la Vierge concevra et enfantera un fils, auquel on donnera le nom d'Emmanuel", ce qui signifie : "Dieu avec nous". À son réveil, Joseph fit ce que l'Ange du Seigneur lui avait prescrit : il prit chez lui son épouse, mais ne la connut pas jusqu'à ce qu'elle eût enfanté un fils, auquel il donna le nom de Jésus[1]. »

L'Évangile de Luc est plus directement centré sur Marie. Il commence par relater la conception de Jean-Baptiste, annoncée à Zacharie, son père. N'arrivant pas à y croire, Zacharie est frappé de mutisme jusqu'à la naissance de l'enfant où, l'appelant Jean, comme l'ange le lui a ordonné, il retrouve subitement la parole. Luc associe ainsi la conception de Jésus à celle de Jean et à la réaction de Zacharie, l'époux d'Élisabeth, qui rappelle le rire incrédule de Sara entendant les messagers de Dieu lui annoncer la venue d'Isaac :

« Le sixième mois (de la grossesse d'Élisabeth), l'ange Gabriel fut envoyé par Dieu dans une ville de Galilée du nom de Nazareth, à une jeune fille accordée en mariage à un homme nommé Joseph, de la famille de David ; cette jeune fille s'appelait Marie. L'ange entra auprès d'elle et lui dit : "Sois joyeuse, toi tu as la faveur de Dieu, le Seigneur est avec toi." À ces mots, elle fut troublée, et elle se demandait ce que pouvait signifier cette salutation. L'ange lui dit : "Sois sans crainte, Marie, car tu as trouvé grâce auprès de Dieu. Voici que tu vas être enceinte, tu enfanteras un fils et tu lui donneras le nom de Jésus. Il sera grand et sera appelé Fils du Très-Haut. Le Seigneur Dieu lui donnera le trône de David, son père ; il régnera pour toujours

1. Évangile selon Matthieu I, 18-25. Traduction œcuménique, *op. cit.*

sur la famille de Jacob, et son règne n'aura pas de fin." Marie dit à l'ange : "Comment cela se fera-t-il puisque je n'ai pas de relations conjugales ?" L'ange lui répondit : "L'Esprit Saint viendra sur toi et la puissance du Très-Haut te couvrira de son ombre ; c'est pourquoi celui qui va naître sera saint et sera appelé Fils de Dieu. Et voici qu'Élisabeth, ta parente, est elle aussi enceinte d'un fils dans sa vieillesse et elle en est à son sixième mois, elle qu'on appelait la stérile, car rien n'est impossible à Dieu." Marie dit alors : "Je suis la servante du Seigneur. Que tout se passe pour moi comme tu me l'as dit." Et l'ange la quitta[1]. »

Matthieu et Luc considèrent ainsi, tous deux, la conception de Jésus comme une « vérité mythologique » aussi incontestable que celles de la Genèse : Matthieu en le présentant comme le descendant d'Abraham et d'Adam, Luc en associant sa conception à celle de Jean-Baptiste d'une façon qui rappelle l'annonce faite à Sara de l'arrivée d'Isaac, mais aussi en la situant au sixième mois de la grossesse d'Élisabeth, ce qui évoque l'énergie créatrice du sixième jour de la Création où Dieu a créé Adam et Ève *à son image*, avant de les matérialiser le lendemain.

Dieu ayant créé Adam et Ève en deux temps, l'éthique de la parentalité biblique implique que les pères en fassent autant : qu'ils conçoivent l'enfant dans des paroles et un projet avant d'en matérialiser le désir dans le corps. Or Joseph adopte ce modèle à la lettre : se désintéressant des ragots et autres médisances que risque de susciter la grossesse de Marie, c'est dans la parole et avec Dieu qu'il conçoit cet enfant. De même Marie : n'ayant pas encore eu de relations

1. Évangile selon Luc I, 26-38. Traduction œcuménique, *op. cit.*

conjugales, elle renonce au plaisir de la chair, afin de ne le concevoir, elle aussi, que dans la parole et le rapport à Dieu.

Alors que l'histoire d'Adam et Ève traite des relations charnelles qui permettent de se reproduire, celle de Joseph et Marie prend en compte le fait qu'il n'existe aucune continuité entre le plaisir sexuel et l'élevage de l'enfant. Elle ne traite pas de sa *conception matérielle*, de l'acte sexuel qui lui donne corps, mais de sa *conception mentale*, des paroles et des projets dans lesquels on l'attend et le désire. C'est en cela que Jésus est fils de Dieu. Il l'est, car il est créé dans la parole de Dieu. Mais c'est aussi parce qu'ils l'ont conçu de cette façon que Joseph et Marie sont des parents modèles.

L'ouverture des yeux d'Adam et Ève symbolisait la découverte de la nudité intérieure. La virginité des parents de Jésus représente leur droiture spirituelle. Les polémiques théologiques sur la virginité de Marie dans lesquelles se sont embourbés catholiques et protestants reposent ainsi sur une analyse foncièrement matérialiste de ce mythe : ayant réduit la sexualité à sa seule dimension corporelle, ces religieux n'ont pas saisi que les Évangiles considèrent la conception de Jésus dans sa dimension mentale.

La dimension charnelle de la gestation n'est pas éliminée pour autant. Elle est figurée par l'ombre du « Très-Haut » qui couvre Marie. Au jardin d'Éden, les désirs corporels d'Ève et Adam étaient symbolisés par ce « ruban d'énergie » qu'est le serpent. Dans la conception de Jésus, c'est l'ombre qui représente les énergies du corps, de la terre et de la féminité.

L'ombre est, au même titre que le serpent, un symbole de la fertilité de la terre et des êtres qui la peuplent. Comme lui, elle est assujettie à ramper sur la terre dont elle épouse les formes. Mais alors que le serpent a, comme Adam et Ève, échappé à l'emprise de Dieu, en lui désobéissant, l'ombre ne peut exister indépendamment de la lumière et de ses attaches au Ciel où règne le Créateur. Dépendant du soleil, sa mobilité reste sous la gouverne du « Très-Haut ». Car contrairement au serpent qui, ayant détourné Adam et Ève du Créateur, symbolisait l'autonomie des énergies de la terre, elle représente la suprématie de l'Esprit Saint sur le corps et la matière.

Couvrant Marie, l'ombre symbolise la féminité du corps dans ses rapports à l'Esprit Saint qui le féconde. Cette féminité n'est toutefois pas plus celle de la femme que de l'homme. Par-delà les figures de Joseph et Marie, c'est celle de la terre et des hommes dans leur rapport à Dieu. Voilà pourquoi l'ombre qui couvre Marie couvre aussi Joseph encore plus radicalement, puisque l'Ange apparaît à Marie en plein jour, alors que pour Joseph, il surgit au plus profond de l'ombre, en pleine nuit, et que le père de Jésus est ainsi mentalement visité par l'Esprit Saint encore plus profondément que Marie.

La mobilité corporelle de l'esprit et l'image inconsciente du corps

Nous avons vu qu'avec la théorie de l'œdipe, Freud n'a pris en compte que la dimension la plus tardive de la construction sexuelle. Ayant réduit la sexualité du nourrisson aux stades oral et anal, il ne l'a pas différenciée de celle de l'enfant. Dans son sillage, les psychanalystes ont eu tendance à considérer les désirs œdipiens de l'enfant comme des désirs charnels et, n'ayant rien d'autre à dire sur la sexualité, ils ont délégué sa dimension corporelle aux sexologues. Or si, comme l'a pensé Freud, l'amour implique de pouvoir retrouver la puissance et la fraîcheur des sentiments qui se sont constitués à l'âge œdipien, il réclame aussi de savoir s'exprimer avec son corps. Ce qui est du ressort de l'enveloppe la plus ancienne de nos structures mentales : notre peau de sensations.

La peau de sensations ne se constitue pas durant la période œdipienne, qui la refoule partiellement, mais dans celle qui précède l'œdipe, que Nicolas Abraham a appelée « l'unité duelle [1] » et Françoise Dolto la « dyade mère-enfant ». Dans l'amour, elle retrouve la fonction d'organe de communication qu'elle avait à cette époque. Or comme, dans l'état actuel des savoirs psychanalytiques, le concept organisateur de l'œuvre de Françoise Dolto, l'*image inconsciente du corps*, est le seul qui prenne en charge la façon dont le bébé et le petit enfant s'expriment avec leur corps, c'est aussi l'un des seuls qui permette de concevoir une théorie de l'amour qui n'en exclue pas la dimension charnelle.

Telle que Françoise Dolto l'a conçue, l'image inconsciente du corps n'a rien à voir avec celle que les yeux perçoivent dans un miroir. C'est une image inconsciente qui correspond à la façon dont nos structures mentales nous situent face à ceux avec qui nous établissons des relations affectives. Cette « image invisible » se constitue à travers les échanges relationnels que l'individu noue avec ses parents. Dans la clinique psychanalytique où Françoise Dolto l'a forgé, ce concept rend compte de la façon dont l'enfant s'exprime avec son corps tant qu'il n'a pas acquis les moyens

1. Nicolas Abraham, « L'unité duelle et le fantôme », *L'Écorce et le Noyau*, Flammarion, 1996 (1978).

de le faire avec des mots. Dans l'érotisme, l'image inconsciente du corps retrouve cette première expression mentale de l'individu qu'est la mobilité corporelle et affective du petit enfant. D'elle dépend, par exemple, la capacité du corps à émettre et à recevoir les informations infraverbales que sont les mimiques, les sourires ou les caresses.

L'image inconsciente du corps est ainsi une « mémoire affective ». Elle mémorise le vécu sensoriel de l'enfant avec sa mère, pour le transférer, à l'âge adulte, dans ses liaisons amoureuses. C'est la mémoire des relations dans lesquelles se sont structurés, à l'époque de la dyade mère-enfant, le plaisir, la crainte, le besoin, l'envie, ou la peur, des sensations que l'amour remet en jeu. C'est donc elle qui permet ou interdit cet état de résonance mentale dont dépendent la volupté et la puissance du voyage érotique.

Déterminant la place que prend l'individu dans ses rapports affectifs, l'image inconsciente du corps n'est pas totalement assujettie à ses frontières physiques. Elle en est plus ou moins autonome, puisqu'elle possède une certaine élasticité qui transcende les frontières du corps et qui, dans les cas extrêmes, peut même s'en séparer. C'est ce que l'on constate dans l'autisme ou la schizophrénie, lorsque les structures psychiques se déconnectent totalement des structures corporelles. C'est également ce qui se passe dans les états comateux, comme l'a montré Françoise Dolto à travers le cas d'une mère qui, mettant au monde une petite fille, sombre dans le coma et se retrouve dans un coin du plafond d'où elle perçoit son corps inanimé[1].

1. Françoise Dolto, *Séminaire de psychanalyse d'enfants*, Le Seuil, 1982. Voir aussi Didier Dumas, « Il existe certaines fois en cas

Dans le registre érotique, des expressions comme « s'envoyer en l'air », « s'éclater » ou « atteindre le septième ciel », rendent compte de l'élasticité de l'image du corps. Dans l'amour et le plaisir sexuel, cette élasticité joue un rôle important, car c'est elle qui permet de se projeter dans l'être aimé ou de l'accueillir au plus profond de soi : de « s'installer dans son cœur » ou de « l'avoir dans la peau ».

La rencontre amoureuse implique un changement de scène qui modifie de fond en comble les décors de nos structures mentales, c'est-à-dire les zones du cerveau qui y deviennent actives. Dans une relation professionnelle et un rendez-vous amoureux, ce ne sont pas les mêmes centres cérébraux qui s'activent. Pour activer les zones qui mobilisent la sexualité et faciliter ce changement de scène, on se pomponne ou se parfume. On s'entoure de lumières tamisées, de musiques douces, ou l'on débouche une bouteille de champagne. Cet aménagement du décor ambiant vise à modifier les données de l'image avec laquelle le cerveau nous situe habituellement dans le rapport aux autres. Il permet d'accueillir le seul vrai responsable des plaisirs érotiques : Éros ou l'enfant en soi-même. Il vise à redonner à l'image inconsciente du corps sa souplesse première, pour qu'elle puisse orchestrer la dynamique amoureuse. Cette image étant la mémoire des relations affectives et corporelles, c'est par son entremise que les émois amoureux font réapparaître l'enfant que l'on a été, que dans les caresses, les baisers et l'étreinte, l'on retrouve sa peau de bébé, et dans l'orgasme, le mystère des énergies fœtales.

Alors que l'image inconsciente du corps fait de l'amour

d'urgence des papas qui parlent avec les anges », *Sans père et sans parole, op. cit.*

un voyage de retour sur son passé affectif et sa propre origine, la *dyade amoureuse* réinstalle une relation mentale qui a tout d'abord été celle de la *dyade mère-enfant*. Celle-ci n'est ni symbiotique ni séparée. C'est une relation dans laquelle l'élasticité de l'image du corps établit un réseau de résonances communes qui attachent les amants et les lient l'un à l'autre. L'amour est ainsi une compénétration vibratoire des images inconscientes de corps ou des *corps de souffle*. Mais, alors que cette communication sensitive est la texture même de la jouissance, des générations de prêtres et de médecins ayant formé nos parents et grands-parents à considérer la sexualité comme une affaire avant tout corporelle, nul ne semble s'en rendre compte. Moulés dans l'habitude ancestrale de concevoir la sexualité comme une activité par laquelle l'homme pénètre et la femme le reçoit, la plupart du temps, tous deux ignorent que la qualité des ébats amoureux puisse être due à la façon dont la femme se projette émotionnellement dans le corps de l'homme. Or la jouissance provient d'une pénétration qui, par-delà celle des chairs, est celle des désirs des deux partenaires. La femme la perçoit comme une pénétration des énergies masculines dans toutes ses cellules, l'homme comme l'accueil des énergies féminines qui, se projetant dans son cœur et son sexe, amplifient d'autant son désir et sa puissance.

L'amour est affaire de communication. Il implique tout d'abord de pouvoir se projeter, en paroles, dans les oreilles de son partenaire. Cette rencontre langagière qui fait partie des « préliminaires » est indispensable à la qualité du voyage érotique. Si l'amour ne met pas en jeu le désir de pénétrer corps et âme dans l'intimité et la vie de celle ou de celui qu'on aime, il risque de n'être rien d'autre qu'une masturbation réciproque. La puissance du voyage érotique dépend de la capacité des amants à se projeter dans les souffles, le corps, les pensées et les rêves de l'autre. C'est cette adhérence aux images de la mobilité corporelle de l'être aimé qui crée le sentiment de plénitude que procure l'amour charnel. Lorsqu'on s'y sent soudainement plus entier, cela signale qu'on a atteint une parfaite union des images inconscientes du corps.

Pour mieux le comprendre, revenons à l'époque où se forme cette image. La *peau de sensations*, la première de nos enveloppes mentales, entreprend sa construction dès le stade fœtal. Une grande part des sensations que l'on retrouve dans la jouissance et l'orgasme provient de cette époque, comme en témoigne l'impression d'apesanteur ou d'atemporalité qui souvent les accompagne. À ce stade, le système de représentations ne s'est pas encore structuré dans les images et les mots. L'appareillage sensoriel du fœtus est principalement axé sur les sensations, et la perception qu'il a de ses parents s'effectue par l'intermédiaire de ce seul registre, comme le montre, en l'haptonomie[1], la façon dont il reconnaît son père. La peau fœtale est d'une sensibilité réceptive extrêmement fine qui se perd par la suite. Le fœtus reconnaît ainsi la voix de son père aux vibrations qu'elle crée dans le liquide amniotique, et ce, avant même que ses oreilles soient fonctionnelles[2].

Notre image du corps s'enracine ainsi au plus profond de nos mémoires affectives et des liens émotionnels qui nous relient à nos parents. Sa construction commence au

1. Voir note p. 100.

2. Voir à ce sujet Didier Dumas, « Le fœtus et son père », *Et l'enfant créa le père, op. cit.*

stade fœtal et se poursuit, à la naissance, par l'intégration du vécu relationnel du nourrisson.

Entre le nourrisson et sa mère, la communication s'effectue tout d'abord par ces portes du corps que sont la bouche et l'anus. Elle passe aussi par ces fenêtres que sont les yeux, les oreilles ou les narines. Les orifices sont ainsi des ouvertures par où l'enfant accueille celle qui le prend en charge. Ils peuvent aussi parfois détecter un fantôme dans l'inconscient de la mère, qui menace l'intégrité psychique du bébé. C'est ce qui arrive dans l'anorexie mentale, où l'enfant refuse ou régurgite toute nourriture, en mettant sa vie en danger. Il en va de même dans la toxicose où il se vide par l'anus et se déshydrate d'une façon qui peut aussi être mortelle. Que la bouche ou l'anus du bébé puissent ainsi s'opposer, au risque d'en mourir, à une emprise maternelle vécue comme mentalement dangereuse, indique que les orifices ne sont pas des ouvertures purement physiques, mais qu'à cet âge prélangagier, ce sont des organes qui, reliés au cerveau, organisent la communication avec la mère.

Que les orifices servent la perception ou qu'ils assurent le transit de l'air et de la nourriture avec lesquels nous renouvelons la matière de notre corps, ils disposent tous d'un double fonctionnement. Ils permettent le passage de substances matérielles, comme les aliments, les larmes, le lait ou le sperme, mais ils jouent aussi un rôle capital dans la construction psychique de l'être humain. Car ce sont eux qui émettent et réceptionnent les vibrations kinesthésiques, tactiles, sonores ou lumineuses qui, nous l'avons vu, constituent notre système de communication. Tant que l'enfant ne discerne pas le sens précis des mots, que sa mère lui parle, le regarde ou le touche, c'est à travers la perception directe des champs vibratoires qu'elle émet, qu'il la comprend et s'adapte à elle.

C'est ainsi que se constituent les premiers éléments de l'image du corps que sont les *images de communication archaïques*. Il se crée alors autant d'images archaïques qu'il existe d'orifices mis en jeu dans la relation avec les parents. La bouche crée une *image de communication archaïque orale*, les narines une *image de communication archaïque olfactive*, les yeux une *image de communication archaïque visuelle*, et ainsi de suite. Ces premières composantes de l'image inconsciente du corps se structurent au cours des trois premières années. Certaines commencent à se former dès le stade fœtal, d'autres après la naissance. Par exemple, comme le fœtus avale du liquide amniotique et urine dans le ventre de sa mère, les images orale et urétrale commencent à se construire dès ce stade, alors que l'image anale ne commence, elle, à se former qu'après la naissance, puisque, au stade fœtal, l'anus n'a aucune fonctionnalité.

Ces images archaïques permettent à l'enfant d'être relié à ses parents par une communication infraverbale, de nature télépathique ou empathique, qui repose sur une activité psychique inconsciente, l'*activité mentale originaire*, sur laquelle nous reviendrons plus loin. Pour le moment, restons-en au fait que, tant que l'enfant ne sait pas dire « je », l'activité mentale originaire lui permet d'établir avec ses parents une communication « d'inconscient à inconscient » ou « d'être à être », qui perdure tant qu'il n'a pas acquis l'usage de la parole. Chez le nourrisson, cette activité mentale télépathique et inconsciente est la seule existante. À l'âge adulte, elle ne retrouve la même intensité que dans l'hypnose, la voyance ou la médiumnité. Mais elle est aussi inconsciemment à l'œuvre dans cette « relation hypnotique » qu'est, pour Freud, l'état amoureux. C'est à elle que l'on doit les phénomènes télépathiques mis en jeu dans l'amour, lorsque par exemple, on sait ce que pense l'être aimé, alors même qu'il n'en dit rien.

Dans l'érotisme et le plaisir charnel, les images de communication archaïque forment ainsi une sorte de charnière inconsciente entre le corps et l'esprit, le conscient et l'inconscient, la *peau de sensations* et *la peau langagière*. Dans le psychisme, cette charnière est celle des fantasmes qui, mettant en scène des images, des odeurs ou des textures, établissent un pont entre l'univers des sensations, qui est celui du fœtus et du nourrisson, et le monde de la parole, qui est celui de l'âge adulte et de l'amour.

À la différence de la *peau de sensations* qui se structure dès le stade fœtal, la *peau d'images* n'entreprend sa construction qu'à la naissance, avec l'ouverture des yeux. Jusque vers trois ou quatre ans, qui est l'âge où se construisent les fantasmes, elle constitue la principale texture de la psyché de l'enfant. Quant à la *peau langagière* qui, en la recouvrant, la refoule, elle ne commence à se structurer que dans la troisième année, avec l'acquisition du « je ».

Vers un an, l'enfant se dresse sur ses jambes. Il se met alors à comparer son sexe à celui des autres. C'est ainsi que germent, en lui, les premières questions sur la sexualité. Vers deux ans, comme nous l'avons vu à propos du « non », il entre dans le stade magique de la parole et prononce ses premiers mots. Ce n'est donc que vers trois ans, lorsqu'il formule des phrases et découvre le mensonge, que l'acquisition du langage entreprend de refouler la relation télépathique qui a été jusqu'alors le principal lien psychique avec ses parents.

Bien que Freud n'ait pas vu les choses ainsi, acquérir la

faculté de mentir est une étape majeure du développement de l'enfant, car elle est constitutive de ce qu'il a appelé le *conscient.* En postulant l'existence de l'*inconscient* et en l'opposant au conscient, Freud a eu, en effet, tendance à considérer ce dernier comme une instance naturelle ou innée, alors que le conscient ne commence à se constituer qu'avec l'acquisition du « je ».

Avant trois ans, l'inconscient et le conscient ne se sont pas encore différenciés et la psyché de l'enfant n'a alors pas grand-chose d'individuel. À sa naissance, le bébé n'est mentalement pas plus séparé de sa mère que de ceux avec qui elle vit. Tant qu'il ne sait pas dire « je », il bénéficie d'une psyché communautaire dans laquelle, s'identifiant à ceux qui le prennent en charge, il est tour à tour « moi-maman », « moi-papa », ou « moi-mon grand frère ». Lorsqu'il se met à parler, il commence par dire : « Moi vouloir. » Ce qui signifie, comme l'a expliqué Françoise Dolto, que c'est encore une partie de la psyché familiale dans laquelle il se construit qui « veut ». Alors qu'un peu plus tard, lorsqu'il dit : « Je veux », cela indique qu'il est en mesure de se considérer comme un sujet séparé de ses parents, et que la conscience individuelle commence à se structurer autour de cette instance nouvellement acquise qu'est le « je ».

Auparavant, lorsque les sensations et les images sont encore les principaux constituants de la texture mentale de l'enfant, l'activité télépathique qui le relie à ses parents lui rend impossible d'imaginer que les images qu'il a dans la tête puissent être différentes des leurs. À cet âge, lisant en eux à livre ouvert, rien ne lui permet de penser qu'il n'en va pas de même pour ses parents. D'ailleurs, les mamans ne s'y trompent pas quand, le soupçonnant de mensonge, elles lui demandent de répéter ce qu'il a dit, en les regardant droit dans les yeux, comme si elles étaient, elles aussi, capables de lire en lui à livre ouvert. C'est donc seulement lorsque l'enfant est en mesure de formuler des phrases qu'il découvre que les images et les mots qu'il a dans la tête sont différents de ceux de ses parents et que, du même coup, il peut se mettre à mentir. L'acquisition du mensonge, ainsi, non seulement est concomitante de l'entrée dans le langage, mais elle installe surtout les premières bases de la conscience individuelle.

L'amour renoue avec le fonctionnement mental antérieur à cette époque où la maîtrise de la parole refoule la télépathie originaire de l'enfant. Dans la dyade amoureuse, les amants se retrouvent comme l'enfant et sa mère, indépendants sans l'être, séparés dans leurs corps physiques, mais unis dans le même registre sensoriel et vibratoire. La résonance de leurs images inconscientes du corps leur fait retrouver la mobilité qu'elles avaient à l'âge où elles se sont constituées. Et leurs différentes composantes, les images de communication archaïque orale, visuelle, olfactive, mammaire, ombilicale, urétrale ou anale, reprennent la fonctionnalité qu'elles avaient à l'époque de la dyade mère-enfant.

Dans le baiser, l'image de communication orale retrouve ses racines fœtales. Le fœtus avalant du liquide amniotique, sa construction remonte à ce stade. Elle mémorise ainsi ce que l'enfant a vécu au sein, mais aussi l'époque où, fœtus, il vivait en apesanteur dans le liquide qui lui servait d'atmosphère. C'est donc elle qui donne à l'érotisme des tonalités aquatiques ou aériennes, comme la sensation de voler ou l'impression d'avoir atteint le « septième ciel », qui proviennent, à l'origine, de la bouche.

L'anus, à l'inverse, n'a pas de fonctionnalité au stade fœtal. Il ne s'ouvre qu'à la naissance où il est alors responsable de la première mise en forme de la matière, du premier « modelage » du nourrisson : le caca. Dans l'érotisme et les fantasmes, l'image de communication anale est ainsi la mémoire sensitive du toucher, de la caresse et de la maîtrise musculaire. D'elle dépend le plaisir de l'homme à maîtriser son corps ou celui de sa partenaire. C'est aussi elle qui suscite le désir de donner corps. Faire un enfant repose en effet sur un désir qui a tout d'abord été celui de l'anus, comme cela s'entend lorsqu'un jeune garçon déclare d'un autre : « Il est chié ce mec-là ! »

L'image de communication visuelle génère, elle, le plaisir de contempler la nudité ou d'exposer la sienne, de dévorer l'être aimé des yeux, ou de vouloir plonger dans ses prunelles. Elle est à l'origine du strip-tease, de l'exhibitionnisme et du voyeurisme, dont la visée fantasmatique cherche à percer, au-delà de la peau, la nudité des jardins secrets de l'autre.

Tous les orifices jouent ainsi un rôle qui donne sa saveur propre à l'érotisme. Les oreilles se gargarisent de bruits, de soupirs ou de murmures, accompagnés de « mon canard », « ma chérie », « mon bébé » ou « mon nounours », qui ont pour fonction de remettre en scène la psyché de l'enfant de moins de trois ans. Les narines acquièrent la finesse qu'elles avaient à cet âge. Elles hument la peau et la transpiration, les reniflent, s'en délectent ou perçoivent la présence de l'être aimé à sa senteur, comme dans les romans de Gaston Leroux, où le héros, Rouletabille, poursuit la redoutable Dame en noir en la suivant à son odeur, comme pourrait le faire un jeune enfant avec sa mère.

L'ombilic joue aussi un rôle important dans l'amour. Car, bien qu'il perde toute fonctionnalité à la naissance, l'image de communication ombilicale reste porteuse de la mémoire fœtale. Dans l'érotisme, elle est responsable des sensations de symbiose, de fusion ou de transparence des corps. C'est elle qui donne à l'amour sa puissance d'union, mais c'est elle aussi qui est à l'œuvre dans la passion amoureuse et les drames où celle-ci aboutit. Lorsque les amants ne s'unissent que par cette seule corde mémorielle, ils se mettent à fonctionner comme des vases communicants. Ils en jouissent d'autant plus intensément qu'ils n'ont pas besoin de s'expliquer pour se comprendre. Mais à trop vite et trop bien savoir ce qu'il en est pour l'autre, cette économie de la parole aboutit à faire de l'amour un univers de leurre, dans lequel les amants en arrivent à n'avoir plus d'autres objectifs que de faire endosser à l'autre ses propres fantômes.

Comme l'a expliqué Nicolas Abraham [1], une des façons les plus communes de se soulager partiellement de l'encombrement que constituent les fantômes transmis par nos parents est de trouver quelqu'un porteur d'un autre fantôme semblable ou complémentaire pour les mettre en commun et n'être plus seul à en supporter le poids. L'histoire de Roméo et Juliette l'illustre assez bien. Unis dans la passion, ils ne peuvent échapper aux fantômes qui attisent la haine que se vouent leurs deux familles. Se jetant dans les bras l'un de l'autre, en ignorant qu'ils ont eux-mêmes inconsciemment hérité de ces fantômes, ils n'arrivent à échanger, entre eux, que la place du mort. Et c'est ainsi que les fantômes de leur histoire familiale les conduisent inexorablement à assumer le destin d'enfants morts de leurs lignées.

1. Nicolas Abraham, « Notules sur le fantôme », *L'Écorce et le Noyau*, *op. cit.*

Dans la construction de l'enfant, l'image de communication ombilicale joue un rôle prépondérant dans la transmission des fantômes. Elle s'est constituée à un âge prénatal où il ne différenciait pas sa propre psyché de celle de sa mère. Comme elle ignore cette distinction, lorsque plus tard, l'enfant intègre la langue de ses parents et duplique leurs structures mentales, c'est elle qui les lui fait reprendre à son compte. À l'âge adulte, l'image ombilicale peut donc véhiculer un fantôme, mais elle peut aussi en déléguer la charge aux autres images de communication archaïque. Dans la vie libidinale, ces images étant indissociables les unes des autres, les autres orifices se chargent alors d'un morceau de fantôme, en l'exprimant soit par des symptômes de nature psychique – des pertes de l'entendement, de l'impuissance, des troubles de la vue ou des phénomènes hallucinatoires –, soit par des troubles somatiques – des otites à répétition, des cystites ou des hémorroïdes.

Les orifices peuvent aussi adopter un fonctionnement fantôme qui ne provient pas de la transmission d'un traumatisme ancestral lointain, mais de la manière dont la sexualité s'est construite dans l'enfance. À la naissance, l'individu est mentalement bisexué. Il lui faut donc découvrir et intégrer son sexe, ce qui est l'objectif du processus œdipien. Or ceux qui n'ont pas pu correctement l'adopter sont assez nombreux. Les transsexuels le rejettent totalement. Les névrosés l'acceptent, mais n'arrivent pas à l'assumer. Les homosexuels affectionnent le leur au point qu'ils fuient l'autre sexe. D'autres, enfin, n'ayant pas pu, enfants, accepter de n'en avoir qu'un, choisissent la bisexualité.

Cette diversité des goûts et des choix sexuels est propre à l'être humain. Elle ne dépend ni du physique ni des gènes, mais de la façon dont la sexualité humaine se construit, dans la petite enfance, à partir de ce qu'en disent ou n'en disent pas les parents. Liée à ce qui nous différencie des autres espèces, l'esprit et la parole, la bisexualité est donc l'une de nos caractéristiques. Chez l'être humain, c'est en effet l'esprit, et non le corps, qui est bisexué. Il l'est dans l'enfance préœdipienne et le reste toute la vie, même lorsqu'on est tout à fait heureux et satisfait de son sexe. Si nous n'étions pas mentalement bisexués, il nous serait impossible de comprendre l'autre sexe, et si nous sommes attirés par lui, c'est parce que nous y retrouvons la partie de nous-mêmes que notre constitution physique ne nous a pas permis de développer. Mais comme il n'est pas plus évident, pour un petit garçon, de renoncer à avoir des seins que, pour une petite fille, d'admettre de ne pas avoir de pénis, ces orifices peuvent adopter un fonctionnement fantôme, provenant de comment l'enfant a plus ou moins bien accepté son sexe.

Cela apparaît dans l'homosexualité de certaines femmes, lorsqu'elles en aiment une autre afin de pouvoir se vivre comme dotées d'un pénis imaginaire. Les seins prennent aussi cet aspect fantôme chez certains hommes qui, sans être forcément homosexuels, ont des tétons excessivement érogènes. Ce fonctionnement fantôme des orifices sexuels est dû au rapport qu'on a noué, enfant, avec sa mère. Pour la femme homosexuelle, s'attribuer fantasmatiquement un pénis perpétue le désir de pouvoir la combler aussi bien qu'un homme. Pour l'homme dont les tétons sont érogènes, cela vient de ce qu'à l'âge œdipien, l'enfant n'a pu rejeter le sein comme extérieur à son corps, car il lui était impossible d'être aussi « moi-papa », soit parce qu'il n'a pas eu de père, soit parce que celui-ci, ne l'ayant pas désiré, ne l'a jamais vraiment investi.

Le fonctionnement fantôme du sein se rencontre aussi chez les femmes qui n'arrivent pas à vivre les leurs comme des organes de séduction, avec fierté et plaisir. Dans leurs rapports aux hommes, elles en ont honte. Elles les trouvent trop gros ou trop petits, et lorsque, allongées sur le divan, elles en parlent, on a l'impression que ceux-ci se promènent un peu partout dans l'espace du bureau, comme s'ils ne leur avaient jamais appartenu. Dans ce cas, ces femmes ont hérité de leur mère une image de communication mammaire dans laquelle cet organe n'avait pas le droit d'être autre chose que nourricier, sans pouvoir ensuite, à l'âge œdipien, constituer un désir féminin qui prenne leur père pour objet.

Le cinquième membre et la construction des fantasmes

Nous venons de voir que les images de communication archaïque occupent un rôle de premier plan dans l'érotisme et la jouissance sexuelle. Or si elles y réapparaissent telles qu'elles se sont constituées au cours des trois premières années de la vie, elles jouent aussi un rôle fondamental dans la structuration énergétique des membres et la construction des fantasmes.

Les membres sont, au même titre que les orifices, des organes de communication. Comme eux, ils permettent à l'enfant de s'exprimer avec son corps tant qu'il n'a pas acquis la possibilité de le faire avec des mots. Ils ne sont toutefois pas d'entrée de jeu fonctionnels : les pieds ne le deviennent que vers un an, et les mains mettent un certain temps à savoir prendre. Leur mobilité se construit en s'articulant aux images de communication orale et anale dont ils sont les prolongations. Nous l'avons vu à propos de l'analité musculaire de l'enfant : la mobilité des pieds est un prolongement de l'image de communication anale. Celle des mains est, comme Françoise Dolto l'a montré à travers le cas de cette petite fille qui ne pouvait pas se servir des siennes [1], une extension de l'image de communication orale.

Lorsqu'on tendait un objet à cette enfant, elle repliait ses doigts, en les plaquant sur sa poitrine comme s'il lui était interdit de prendre. Françoise Dolto, comprenant qu'elle avait régressé à l'image de communication orale qui est celle du nourrisson, lui tendit de la pâte à modeler, en lui disant : « Tu peux la prendre avec ta bouche de main. » Aussitôt, la fillette porta la pâte à modeler à sa bouche. Alors qu'elle « n'avait de main que dans sa bouche, précise Françoise Dolto, je lui ai mis, par la parole, une bouche dans sa main [2] ». Chez le nourrisson, les mains n'étant pas encore fonctionnelles, la bouche qui prend le téton est la « seule main » dont il dispose. Dans l'érotisme, le symbolisme de la main est ainsi, à l'image de la bouche, celui de la liaison. On demande la main d'une femme lorsqu'on veut l'épouser, et c'est aussi pourquoi on se la serre en gage d'amitié.

Le pied, à l'inverse, symbolise ce dont il faut se défaire pour pouvoir avancer. Lorsque, en colère, on déclare à

1. Françoise Dolto, *Séminaire de psychanalyse d'enfants, op. cit.* Voir aussi Françoise Dolto, Juan David Nasio, *L'Enfant du miroir*, Payot, 1992 (nouvelle édition 2002).

2. Françoise Dolto, *L'Image inconsciente du corps*, Le Seuil, 1984.

quelqu'un qu'on va lui « foutre son pied au cul », c'est ce dont il est question. « Être à ses pieds » signifie, au contraire, qu'on est incapable de s'en séparer. Le symbolisme du pied renvoie ainsi à la première de toutes les séparations, celle par laquelle on a quitté les parents. Signalant qu'on n'appartient plus à sa mère, la petitesse des pieds ou la grâce des jambes est l'un des atouts de la séduction féminine. Dans la danse, le pied est l'organe qui marque le passage de l'enfance à l'adolescence. Il représente ainsi la sexualité dans des expressions comme « prendre son pied » ou « avoir trouvé chaussure à son pied ».

Dans sa connotation sexuelle, le symbolisme du pied renvoie toujours aux processus de maturation qui ont permis de devenir adulte. D'ailleurs, en assimilant le pénis à un « membre », le langage commun ne s'y trompe pas, puisqu'il l'associe alors autant au pied qui arpente et occupe l'espace sur lequel il évolue, qu'à la main qui touche, caresse ou palpe.

Après avoir pris leur expansion dans les membres, les images de communication archaïque s'investissent dans la construction énergétique des organes sexuels. Cela, à condition, bien sûr, que l'enfant puisse imaginer la sexualité de ses parents. Chez la fille, l'image de communication anale structure le désir de porter un enfant. Chez le garçon, l'image de communication urétrale construit les représentations du phallus.

Pour la psychanalyse, le phallus n'est pas identifiable au pénis. Le pénis est l'un des organes qui différencient l'homme de la femme, alors que le phallus n'appartient pas plus à l'un qu'à l'autre. Il est constitué de l'emboîtement du vagin et du pénis, et il s'en distingue par cet emboîtement qui fait de lui un organe de communication et de jouissance.

Considéré dans le langage comme un « membre », le phallus est inconsciemment assimilé à une main ou un pied. Associé à la main, c'est l'organe par lequel, en prenant femme, l'homme se l'approprie. Associé au pied, on lui attribue un certain pouvoir de déplacement qui est celui du voyage érotique. La mobilité qu'offre le sexe est, en effet, une mobilité intermédiaire entre celle du corps et celle de l'esprit. Le déplacement corporel est lourd. Il réclame de bouger un pied après l'autre, ce qui est relativement lent. Le déplacement mental est au contraire très rapide. L'esprit permet d'évoluer aussi bien dans le passé que dans le futur, et ce d'une façon instantanée. Le déplacement érotique correspond, lui, à un déplacement intermédiaire entre les deux : il implique les corps et leur union, mais il repose néanmoins sur une forme de mobilité qui est plus proche de celle de l'esprit que de celle des pieds.

Bien que Françoise Dolto soit l'une des premières psychanalystes à avoir remis en cause la conception freudienne de l'orgasme féminin, elle n'a pas conceptualisé l'image inconsciente du corps pour élucider les mécanismes de la jouissance sexuelle, mais pour proposer un modèle de la construction préœdipienne de l'enfant. Dans ce registre théorique, l'image inconsciente du corps est un concept qui éclaire la constitution de ce que Freud a appelé les *processus primaires,* dont les fantasmes sont partie intégrante.

Étant neurologue, Freud a commencé par chercher à percer le mystère de l'esprit en l'assimilant à une énergie variant en fonction de la rapidité du cerveau à connecter les représentations à travers lesquelles il s'exprime. Comme la pensée fantasmatique utilise, entre les idées et les images, des liaisons plus rapides ou plus courtes que la pensée rationnelle, il a considéré que ces deux formes d'activité mentale correspondaient à des processus mentaux qui se différenciaient par la lenteur ou la rapidité des connexions mentales. Il a ainsi distingué deux formes d'activité psychique : les *processus secondaires*, qui correspondent aux facultés de jugement, de discernement et d'analyse nécessaires à la raison, et les *processus primaires*, qui s'expriment dans les fantasmes sexuels, l'imagination artistique, la pensée associative, les jeux de mots, ainsi que dans toute forme de créativité impliquant de pouvoir évoluer librement d'une idée à l'autre d'une façon qui échappe à la logique.

Dans l'optique freudienne, la langue du désir et des fantasmes émane donc des processus primaires qui se construisent entre trois et sept ans. On perçoit comment en observant les jeux de l'enfant. Imaginons un enfant de cet âge qui, voulant jouer avec sa mère, le lui demande alors qu'elle a autre chose à faire. Elle lui explique qu'il faut à tout prix qu'elle aille au marché. L'enfant le comprend et s'en va jouer seul dans sa chambre. Si alors, on l'observe, jouant et dialoguant avec des personnages imaginaires, on découvre qu'il leur explique que l'obligation d'aller au marché a privé sa mère du plaisir de jouer avec lui. Si l'enfant a vécu son refus comme une punition, il peut même leur laisser entendre qu'il a été obligé de la priver du grand plaisir qu'elle aurait pris s'il lui avait permis de jouer avec lui. Rationnellement, l'enfant comprend que sa mère a autre chose à faire, mais dans ses fantasmes, il semble ignorer qu'elle puisse être gouvernée par autre chose que son désir à lui. Voilà comment fonctionne la langue du désir. Elle pousse l'individu à se considérer comme le seul objet du désir de l'autre. Chez l'enfant, elle présente le désir maternel comme entièrement centré sur lui. À l'âge adulte, les fantasmes sexuels mettent en scène le désir du sexe adverse sur un mode semblable. Ils le présentent comme invariablement tourné vers la magie de son sexe. Ce qui explique que lorsqu'une femme dit « non » à un homme, celui-ci puisse, contre toute logique, y entendre dans ses fantasmes un « oui » qui n'ose pas se dire.

Comme les rêves, les fantasmes proviennent d'une activité mentale qui associe les sensations corporelles non pas à des mots, mais à des images. Ils témoignent de la persistance, en nous, d'une « pensée en images » qui, étant celle de l'enfant d'avant trois ans, est la plus profonde de l'être. À l'âge adulte, parler fait passer ce fonctionnement mental au second plan, mais il ne disparaît pas pour autant. Le cerveau continue, en permanence, à penser en images, comme cela apparaît, par exemple, la nuit, dans les rêves, alors qu'à l'état de veille, nous l'avons vu, le cerveau devant reconstruire ce que les yeux perçoivent, ce fonctionnement devient inconscient. Celui-ci apparaît toutefois lorsque, confronté une absence de mots, le cerveau cherche à la combler par une image qu'il reconstruit avec d'autres mots, en fabriquant ce qu'on appelle une métaphore. Par exemple, en disant : « Ça m'a coupé en deux », on fabrique une image qui rend compte d'une sensation pour laquelle il n'existe aucun mot précis.

À l'âge où les fantasmes se forment, entre trois ans et sept ans, ils le font de cette façon : ils ne se construisent pas avec ce que les parents disent de la sexualité. Ils se constituent avec ce qu'ils ne peuvent ou n'osent pas dire, en créant des images qui se substituent, dans l'esprit de l'enfant, à l'information que les parents n'ont pas pu ou pas voulu lui donner.

Nous avons vu que la construction mentale de l'enfant

implique d'abord celle de la *peau d'images* qui se construit de zéro à trois ans. Lorsqu'il se met à parler, il lui faut commencer par associer les images qui se créent dans sa tête aux représentations sonores, aux mots qu'utilisent ses parents pour s'exprimer. C'est l'époque où il demande à tout bout de champ : « Qu'est-ce que c'est que ça ? Qu'est-ce que c'est que ça ? » Il passe ainsi la majeure partie de son temps à les questionner, car il lui faut connecter les images que crée son cerveau aux représentations sonores en usage dans la langue de ses parents. Si, comme c'est encore souvent le cas dans notre culture, dès que ses questions concernent la sexualité ou la mort, ses parents refusent ou ne savent pas lui répondre, il se retrouve avec toute une ribambelle d'images produites par son cerveau dont il ne sait que faire. N'arrivant pas à trouver place dans la langue de ses parents, ces images le persécutent, car elles réapparaissent avec la fixité des questions non résolues. Et comme le retour statique des mêmes images immobilise ses structures mentales d'une façon qui peut devenir traumatique, son cerveau tente d'y remédier en leur redonnant de la mobilité. Il effectue ce travail la nuit, au cours des rêves où, à cette fin, il les agence dans des scénarios. Voilà pourquoi, à l'âge adulte, les fantasmes sexuels ont toujours la forme d'un scénario. Et lorsque celui-ci se répète inlassablement, cela indique que la vie fantasmatique est restée inconsciemment fixée aux questions qui, dans l'enfance, n'ont pu trouver réponse dans la bouche des parents.

Les fantasmes sont, en ce sens, des « films muets » créés par nos structures mentales pour pallier une grave absence de mots et de pensées sur le corps et la vie. Ce sont des productions cérébrales qui, n'ayant pu trouver à temps les mots pour pouvoir sortir de la tête, continuent, à l'âge adulte, à soutenir la vie sexuelle aux endroits où celle-ci ne peut toujours pas se parler. Ce sont des scénarios d'images, issues de notre psyché prélangagière, auxquels le cerveau attribue la charge d'exprimer ce qui, par manque de mots ou interdit de parler, continue à ne pouvoir se formuler autrement.

Les fantasmes établissent ainsi des liens entre la peau érotique qui se forme chez le bébé et la conscience langagière où se déploie l'amour. Leur rôle est d'associer, dans le même projet, deux dimensions de nous-mêmes qui, dans notre société, se sont la plupart du temps dissociées, à l'âge œdipien, par un manque d'informations adéquates sur la sexualité et la mort. Ils ont pour fonction de rendre compatibles les jardins secrets de sa nudité intérieure et son identité langagière qui, s'étant constituée plus tardivement, fait de la parole un vêtement dont on se voile dans la relation aux autres.

Sentiments, inhibitions et vaudeville

Qu'il s'agisse des mots avec lesquels on l'exprime, des sentiments qu'il soulève ou des fantasmes qui l'animent, tout ce qui constitue la matière même de l'amour se construit au cours des sept premières années de la vie. La façon dont on vit sa sexualité dépend ainsi du contexte familial, culturel et social dans lequel celles-ci se sont déroulées. Telle est la découverte qui a permis à Freud de sortir la sexualité occidentale de l'ornière où l'avait embourbée la folie antimasturbatoire du puritanisme bourgeois.

Mais si la psychanalyse a acquis le statut d'un savoir incontestable dans tous les secteurs de prise en charge de l'enfant et de sa famille, l'œdipe reste un processus de maturation très mal compris, comme le montrent les journaux pour parents.

Le plus souvent, on en retient le désir du garçon d'éliminer le père pour s'approprier la mère, ce qui en fait un processus incompréhensible au regard de ce que vit l'enfant. En effet, à l'âge de la dyade mère-enfant, qu'il soit garçon ou fille, c'est l'identification au père qui lui permet de se construire comme un individu séparé et autonome de sa mère. De plus, cette identification est pour le garçon la clef du processus œdipien. Si, pour une raison ou une autre, celui-ci ne peut s'identifier ni à son père ni à aucune autre figure masculine, sa construction sexuelle en pâtit obligatoirement, et cela le contraint à se structurer dans l'une ou l'autre des trois grandes catégories de pathologies sexuelles que sont, pour les psychanalystes, les névroses, les perversions et les psychoses.

Du seul fait qu'il implique, à sa base, l'identification au parent de son sexe, il est absurde de concevoir l'œdipe comme une tentative de l'éliminer. Le désir de prendre sa place ou de lui succéder y est certes prégnant, mais s'il en est ainsi, c'est parce que ce désir caractérise les relations de filiation et qu'il est indissociable de l'interdit de l'inceste. Nous excluons nos enfants de notre vie sexuelle, car nous leur attribuons une tout autre place : celle de nous succéder lorsque nous ne serons plus là. Le désir de remplacer le père n'appartient donc pas en propre à l'enfant. C'est autant celui du père que celui de l'enfant. De plus, il ne concerne pas tant la sexualité que les propos sur la mort et la succession des générations, sans lesquels l'enfant ne peut pas comprendre que ses parents le destinent à prendre leur suite, mais qu'il faut pour cela qu'il grandisse.

L'œdipe ne peut donc pas se caractériser par le désir d'éliminer papa ou maman. C'est un processus d'intégration de la vie sentimentale adulte qui implique non seulement de pouvoir se représenter la sexualité des parents, mais aussi de comprendre que la mort existe et d'accepter qu'ils y soient soumis. Quand par exemple un enfant rêve de la mort de l'un ou l'autre de ses parents, cela ne signifie pas qu'il voudrait le voir disparaître. Cela indique, au contraire, que ses structures mentales cherchent à créer des représentations lui permettant de penser qu'il lui faudra, un jour, pouvoir se passer de lui. Ce n'est donc pas tant la rivalité qui marque le rapport du garçon à son père que la nécessité de trouver en lui une figure identificatoire dont les propos lui permettent d'intégrer un modèle de la sexualité adulte. En s'identifiant à son père, l'enfant non seulement duplique son fonctionnement psychique, mais il assimile aussi sa structure libidinale. Lorsque, par exemple, un homme est particulièrement attiré par les brunes, alors que sa mère en est une, ce n'est pas forcément, comme on a l'habitude de le croire, parce qu'il la recherche dans toutes les femmes qui l'attirent. C'est tout d'abord parce qu'en s'identifiant à son père, il a dupliqué son système de représentations désirantes. Il aime les brunes, car sa sexualité s'est construite en prenant pour modèle un père qui les aimait, alors que si celui-ci n'était pas arrivé à aimer sa mère et avait fui le foyer conjugal en l'y laissant comme seul soutien de sa mère, le même homme aurait eu tendance à se détourner, comme d'une prison, des femmes lui évoquant sa mère, voire à aller rechercher dans l'homosexualité le père qui lui a manqué.

L'œdipe est un processus de maturation d'autant plus complexe qu'il s'étale sur plusieurs années. Dans l'enfance, c'est celui qui construit et structure le registre des sentiments. À l'âge adulte, c'est l'architecture émotionnelle et affective qui articule la sensibilité de la peau aux mots et aux sentiments dans lesquels se déploie l'amour. Les sentiments sont les gardiens de l'intimité. Ils en défendent l'accès ou en ouvrent les portes, en constituant une enveloppe affective qui n'est ni celle de la parole, ni celle des sensations, tout en étant un peu l'une et l'autre. Ils forment ainsi un espace intermédiaire qui est celui où se tissent les liens entre les sensations et les désirs, les pensées et la raison.

Chez le nourrisson, le registre des sensations et celui des sentiments ne font encore qu'un. L'œdipe est le processus qui les différencie. Il s'amorce avec la station verticale. Tant que l'enfant marchait à quatre pattes, il s'identifiait aux animaux. C'est seulement lorsqu'il acquiert la maîtrise de ses jambes qu'il s'identifie à la verticalité de ses parents. À quatre pattes, il ne voyait guère son sexe. La station verticale le met au contraire en évidence, et il se met à le comparer à celui des filles ou des garçons, des papas ou des mamans. Déclenché par les questions qui en surgissent, le processus œdipien a alors pour objectif de rendre solidaires les énergies sensitives de la peau et du sexe d'un ensemble de représentations, d'images, d'odeurs ou de mots qui, associant les sensations aux sentiments et à la sexualité, constituent les fantasmes.

Vers trois ans, sachant parler et pouvant poser des questions, l'enfant entreprend son œdipe. Qu'il soit garçon ou fille, c'est alors la découverte du rôle joué par le sexe du père dans sa venue sur terre qui en est le pivot. Cette révélation le conduit à idéaliser la sexualité adulte. Du même coup, il rejette celle, infantile et charnelle, qu'il a connue dans les bras de sa mère. Il ne veut plus être un bébé. Il se détourne des câlins et des bisous, car dès lors, il ne rêve plus que d'une chose : du jour où il pourra, lui aussi, être « une maman » ou « un papa » pour faire, comme eux, des enfants. En idéalisant la sexualité parentale, l'enfant se projette dans un avenir dont ses structures imaginaires et fantasmatiques installent le futur cadre. C'est ainsi que le registre des sensations, qui prédominait dans l'organisation mentale du bébé, mute dans celui des sentiments qui détermineront les choix sexuels à l'adolescence.

Dans le modèle freudien de l'œdipe, ce que Freud a appelé le « complexe de castration » correspond à la façon dont l'enfant doit reconnaître l'immaturité de son sexe. Or si, ne pouvant pas s'en poser la question, il n'a pas renoncé à l'idée d'épouser l'un ou l'autre des parents, en devenant adulte, il retrouvera ce désir dans ses liens amoureux. Dans ce cas, la sexualité est encombrée par toutes sortes d'inhibitions dont la cause profonde est soit l'impossibilité de quitter les parents, soit, ce qui revient au même, le désir inconscient de ne retrouver qu'eux dans la personne aimée. Ainsi pris dans l'envie contradictoire d'abandonner les parents sans avoir à les quitter, le désir sexuel n'arrive jamais à s'accomplir. Ce qui est l'une des caractéristiques de la névrose.

Parmi tous les arts de la scène, le vaudeville est celui qui illustre le mieux cette dimension de l'œdipe qui, n'ayant pu s'accomplir, perturbe les relations amoureuses en les empêchant systématiquement d'atteindre leur but. Représentatif d'une époque où l'on élevait les enfants comme si la sexualité n'existait pas, le vaudeville joue des effets catastrophiques de cette éducation. Il déride les cœurs, car il met en scène des personnages qui n'arrivent jamais à faire l'amour. Le scénario est toujours le même : un trio, l'amant potentiel, la dame et son mari, se confrontent à leur désir. Quelles qu'en soient les péripéties, dès que l'amant se retrouve seul avec la dame et qu'ils sont sur le point de faire l'amour, arrive le mari castrateur qui interrompt leur duo. À la vue de ce papa revendiquant la légitimité de ses droits, tout le monde repart en courant à la poursuite d'une scène d'amour qui ne pourra jamais avoir lieu, et la salle éclate de rire. Le rire est alors dû au fait que la place de l'amant est réduite à celle d'un enfant non appareillé qui n'arrive à vivre qu'une sexualité éternellement reportée à plus tard, et en cela semblable à celle de l'âge œdipien.

Comme l'amant du vaudeville, l'homme névrosé trouve toujours un obstacle à son désir, qui l'empêche de s'y adonner. Il a grandi en vouant à sa mère un amour sans borne. Mais à l'âge où la sexualité se construit, son maintien dans l'ignorance de cette dimension de la vie lui a évité de s'intéresser au sexe de son père et de se confronter à l'immaturité du sien. Rien ne lui ayant permis d'idéaliser la sexualité adulte il se retrouve, à l'adolescence, dépourvu d'armature œdipienne. Or, dans ce cas, le désir sexuel reprend le chemin qu'il n'a pu accomplir dans l'enfance. La sexualité n'est pas soumise à un scénario fantasmatique préétabli, comme nous le verrons dans les perversions. Elle ne peut avoir lieu, faute de scénario, car elle ne dispose d'aucun système de représentations permettant de la maîtriser. Étant inconsciemment vécue comme un impossible abandon des parents, elle s'éternise dans d'éternels vaudevilles, rythmés par la recherche inconsciente du père ou de la mère n'ayant pas livré les informations nécessaires à sa construction. L'homme en arrive ainsi à ne désirer la femme que lorsqu'elle est celle d'un autre, qu'il substitue inconsciemment au père qui lui a manqué dans l'enfance. La femme fait de même : dès que l'homme aimé se déclare, elle y répond par toutes sortes de symptômes hystériques qui l'empêchent de se donner à lui, comme si elle redoutait de voir sa mère en mourir. Et c'est ainsi que la névrose obsessionnelle de l'homme et l'hystérie féminine s'associent dans la souffrance d'une sexualité qui, n'ayant pas pu se construire dans l'enfance, n'arrive jamais à se vivre pleinement.

Le Diable ou la peur du retour à une sexualité incestueuse

Ayant interprété la mythologie biblique à leur convenance, les religieux du monde occidental ont vu la preuve des agissements du Malin dans la crudité des fantasmes sexuels. Le Diable a ainsi longtemps régenté la sexualité de nos ancêtres. Dans la tradition judéo-chrétienne, cet archange déchu est, pour l'homme, une instance d'autant plus redoutable qu'elle dénature, obscurcit ou anéantit sa capacité de se concevoir comme le fils du Dieu qui l'a créé à son image. Satan est un ange qui a perdu ses ailes. C'est un Éros tombé sur terre et privé de tout accès au Ciel, mais un Éros qui, enracinant l'illusion au souffle même de la vie, est doté de facultés effrayantes. Car, bien que Dieu lui ait définitivement fermé ses portes, Satan garde de ses origines divines un redoutable pouvoir d'illusionniste.

Changeant à volonté de forme et d'apparence, le Diable possède une aisance à truquer le langage qui s'enracine dans la force du souffle et la fragilité de la chair. Il est d'autant plus craint que les illusions qu'il incarne sont celles du désir. Symbole de ce qui corrompt et dénature l'amour, il ne représente pas les paroles qu'on y échange, mais les failles, les chimères et les mensonges qu'elles peuvent masquer. Dénaturant la langue que Dieu a transmise à Adam, il personnifie ainsi le mal qui ronge la filiation divine de l'homme.

Que les divinités soient bonnes ou mauvaises ne modifie pas le rôle que l'homme leur attribue, qui est de soutenir l'esprit face à la multiplicité des chemins qui s'offrent à lui. Le Diable, en étant une, assume ce rôle à sa façon. L'une des raisons expliquant qu'on l'ait assimilé au serpent du jardin d'Éden est qu'il a, comme lui, un rôle d'éducateur : poussant les individus à s'aventurer sur les chemins de l'avidité et de la luxure, il les fait tomber dans les pièges dont ils sont parsemés. Sa pédagogie est en cela brutale. Elle apprend néanmoins à reconnaître ce que sont les dangers de la vie.

Dans la sexualité, si on le redoute comme une créature immonde à laquelle tous ont peur de s'identifier, c'est parce qu'il œuvre à l'inversion du temps, en brouillant les repères de la succession des générations. Étant lui-même insensible à l'usure du temps, il pousse ceux qu'il séduit à transgresser l'interdit de l'inceste dont dépend la santé des familles. Il est expert en ce domaine, car il possède deux atouts qui le distinguent des hommes : la bisexualité et la stérilité. Voilà d'ailleurs pourquoi on le juge expert dans les plaisirs de la chair et on taxe d'immonde la jouissance à laquelle il convie. On l'imagine tortillant des fesses autant que de la verge. Répondant à celle de l'anus, la stérilité de son membre laisse ainsi entrevoir une jouissance d'autant plus fascinante qu'elle ne prête pas à conséquence. Son pouvoir est celui d'un plaisir illimité qui, transgressant tous les interdits, voue l'individu à l'Enfer. Lequel est présenté dans les religions comme un concentré de rêves sadomasochistes qui suscite l'effroi, en mettant en scène une sexualité aussi intense et éternelle que dépourvue de lendemain.

Or cet être mi-homme mi-bête qu'on appelle le Diable n'existe pas dans la nature. Il n'existe qu'en l'homme. Mais alors que représente, en nous-mêmes, cette instance mi-homme mi-bête qui revendique une jouissance dont les ressorts sont ceux de la bisexualité et de la stérilité ? Elle correspond à la sexualité infantile, celle de l'enfant marchant à quatre pattes, avant que la parole ne lui apprenne le rôle des organes sexuels dans la reproduction.

À cet âge, l'être humain n'a encore ni la maîtrise des mots ni celle de ses sphincters. Ces deux acquisitions succèdent à la station debout. La jouissance que lui procure la manipulation de l'anus, des excréments, de la verge ou du clitoris n'est alors ni sous l'emprise du Diable, ni sous la gouverne de Dieu, mais sous celle de la mère. L'enfant peut jouir de son corps de multiples façons. Mais, dans le lien charnel à sa mère, sa jouissance est gouvernée par les orifices qui le relient à elle : la bouche en premier, l'anus à sa suite. Or, si ces deux orifices peuvent jouer un rôle dans la sexualité, ils n'en sont pas moins stériles. Cette stérilité qui caractérise la jouissance du petit enfant est aussi ce qui fait qu'en grandissant il dévalorise cette relation première. À condition, bien sûr, que la parole lui permette de se représenter le rôle du sexe de son père dans sa venue au monde. Car, s'il ne le peut, sa construction fantasmatique risque de ne se constituer qu'en référence aux orifices dont il connaît l'usage : la bouche et l'anus.

Ce diablotin qu'est tout d'abord l'enfant possède en effet

une liberté imaginative plus étendue et plus mobile que celle de l'adulte. Lorsqu'on lui interdit de se représenter la sexualité de ses parents, il a tendance à associer le sexe aux orifices qui lui procurent du plaisir. L'associant à la bouche ou à l'anus, il s'en donne une conception adéquate à la mémoire de son corps, mais à l'âge adulte, ce sont ces deux orifices que le désir sexuel mettra en scène dans ses fantasmes. Si, au nom de sa religion, il les refuse, en considérant ses désirs sexuels comme contre nature, l'individu s'enferme dans l'inhibition sexuelle et la paralysie névrotique. Mais comme la vie fantasmatique s'enracine dans l'inconscient et échappe à la volonté, ses fantasmes en deviennent de plus en plus prégnants. Plus il les rejette, plus ceux-ci s'imposent. Et si cette personne renonce à toute sexualité, son activité fantasmatique se met à prendre des tonalités hallucinatoires. Pour se sortir de l'impasse où l'enferme sa vie imaginaire, elle peut, en fonction de l'époque et de ses références culturelles, soit y voir la trace du Malin et se confier à un prêtre qui, effrayé comme elle par la dimension obsédante ou hallucinatoire de ses problèmes, l'adressera à un exorciste, soit considérer ce qui lui arrive comme un dérèglement psychique et consulter un psychanalyste.

En la recevant, le prêtre et le psychanalyste trouveront, tous deux, la justification de leur métier. Le premier se dira qu'en l'adressant à l'exorciste, il l'a protégé de l'Enfer. Le second verra ce dont elle souffre comme une incapacité à assumer ses désirs sexuels, due à la peur d'y retrouver une jouissance qui, n'étant focalisée que sur la bouche ou l'anus, évoque le diablotin que tout individu a été avant que la parole ne lui permette de se représenter la sexualité de ses parents. Ce que nos religions ont appelé le Diable correspond ainsi, dans la vie fantasmatique, à la peur d'une sexualité qui, s'étant construite sans parole, dans l'unique registre des sensations et le seul rapport à la mère, est inconsciemment vécue comme porteuse de tous les dangers de l'inceste

Aujourd'hui nous savons que les désirs de sodomie ou de fellation se constituent, comme les perversions, dans l'enfance et les bras de la mère, à partir de ce qu'elle dit ou cache de la sexualité à l'enfant. Les prêtres qui confessaient nos ancêtres l'ignoraient. Ces religieux l'ont néanmoins, d'une certaine façon, pressenti, puisqu'ils ont assujetti le désir sexuel au « péché originel », en en faisant porter le poids à la première de toutes les mères, Ève, et qu'ils ont présenté l'Enfer comme un étalage de fantasmes sadomasochistes et frayeurs sexuelles, issus de la psyché du bébé.

La faculté d'être soi-même et l'autre et le désir de s'appartenir

Nous avons vu que Freud oppose deux formes d'activité mentale : l'une, « primaire », s'exprime dans les fantasmes, l'autre, « secondaire », correspond aux facultés de jugement et à la raison. Ce qui autorise l'individu à vivre la dimension la plus extrême de ses désirs sexuels ou, au contraire, le lui interdit, se situe pour lui dans le rapport entre ces deux activités mentales. C'est ainsi qu'il explique la tyrannie des interdits qu'exercent, sur le désir sexuel, la culture, la morale et les tabous. Il y voit un effet de la pensée rationnelle qui opprime ou régule la pensée fantasmatique. Celle-ci étant essentiellement tournée vers le plaisir, l'extériorisation et la dépense, si, en effet, la raison n'y met aucun frein, l'équilibre mental de la personne peut être mis en péril.

Pour Freud, ces deux formes d'activité psychique se structurent à l'âge œdipien, en refoulant l'*activité mentale originaire* qui les précède au plus profond de l'inconscient, sous la « barrière du refoulement originel ». À sa suite, cette barrière a longtemps été considérée comme infranchissable dans le cadre et le protocole psychanalytiques. Les psychanalystes qui se sont penchés sur cette activité mentale antérieure aux deux autres sont donc rares et ne s'y sont mis que depuis une trentaine d'années. Or comme nous avons commencé à le voir avec l'image inconsciente du corps, l'activité mentale originaire est aussi incontournable dans la prise en charge du petit enfant que dans la compréhension des mécanismes psychiques à l'œuvre dans le corps-à-corps érotique.

Bien que cette activité mentale de nature télépathique ou empathique n'ait été étudiée qu'assez récemment, il s'agit de celle sur laquelle reposent tous les autres processus de communication : chez l'enfant, c'est celle qui, à l'œuvre dans l'identification à ses parents, lui permet d'assimiler inconsciemment leur langue et de se mettre à la parler sans avoir eu à l'apprendre. Dans l'hypnose, c'est l'activité mentale qui permet d'être, tout à la fois, soi-même et celui qui hypnotise. Et dans la clinique psychanalytique, cette activité mentale ressurgit de la même façon, en se présentant comme la faculté d'être, tout à la fois, soi-même et son psychanalyste.

Dans l'enfance, l'activité mentale originaire nous a permis à tous d'être en même temps nous-mêmes et nos parents. Grâce à elle, nous avons dupliqué leur langue, leur culture et leurs fonctionnements mentaux. Remise en jeu par l'amour de transfert, elle apparaît d'une façon semblable dans la relation analytique, lorsque, ignorant tout de l'intimité de l'analyste, son client se met à lui parler du livre qu'il est justement en train de lire, des bois où il s'est promené le week-end, ou de tout autre événement de la vie de l'analyste qu'il est censé ignorer. Ce qui témoigne d'une identification totalement inconsciente à la personne de l'analyste qui ne s'analyse, ou ne peut devenir consciente pour le client, que si l'analyste décide de lui en parler.

Dans le transfert analytique, cette activité mentale ressurgit ainsi dans sa fonction première, celle de permettre au bébé qui ne parle pas encore d'être relié à ses parents par une forme de télépathie inconsciente dans laquelle il est, tout à la fois, lui-même et eux. Piera Aulagnier, l'une des premières psychanalystes à avoir cherché à en percer le fonctionnement, l'a décrit comme une activité archaïque qui ne différencie pas encore son propre espace corporel et mental de celui de l'autre[1]. C'est l'activité mentale qui explique que le bébé puisse considérer le sein comme faisant partie de son propre corps, que les schizophrènes puissent confondre leur propre corps avec celui d'un autre, ou que les paranoïaques attribuent leurs propres pensées à une autre personne. Piera Aulagnier l'a caractérisée comme une activité d'auto-engendrement : une activité permettant à l'individu de s'enraciner dans les structures mentales de ses parents pour y construire les siennes.

Un des aspects fort intéressants de son travail est celui où, s'opposant à l'analyste qui l'a formée, Jacques Lacan, elle considère que l'activité mentale originaire n'est pas

1. Piera Aulagnier, *La Violence de l'interprétation*, P.U.F., 1975.

constituée de *signifiants* ou de *signifiés*, mais de « briques mentales », existant antérieurement aux signifiants, qu'elle a appelées des *pictogrammes*.

Reprenant des concepts issus de la linguistique [1], la théorie du signifiant et du signifié de Lacan a pour principal défaut de limiter l'expression mentale au seul registre des mots. Pas plus que celle de Freud, elle ne permet de comprendre les mécanismes psychiques à l'œuvre dans la jouissance charnelle. Elle considère en effet que le *symbolique* est uniquement constitué de sons, de signifiés ou de signifiants, et elle n'attribue aucune place précise aux images et aux sensations. Les analystes qui ne se réfèrent qu'à l'œuvre de Lacan limitent ainsi le fonctionnement de la mémoire inconsciente aux signifiants.

Pour Jacques Lacan, les signifiants ont plusieurs significations dans l'inconscient. Ils ne deviennent des signifiés qu'au moment où la conscience les associe à ce qu'ils représentent dans la réalité extérieure. Par exemple, isolément, le signifiant « dé » est un son dépourvu de signification, alors qu'associé à un jeu, à un baldaquin ou à une pluralité d'objets, il devient l'un ou l'autre de ces trois signifiés : *dé*, *dais*, ou *des*. La théorie lacanienne ne considère donc la constitution de l'esprit que dans sa dimension la plus tardive : celle qu'inaugurent la formulation des phrases et la faculté de mentir, et qui, avec l'acquisition du « je », installe les premières bases de la conscience individuelle. Elle ne tient pas compte du fait que, jusque vers trois ans, l'enfant ne dispose que d'une « psyché communautaire » dans laquelle il est tour à tour « moi-maman », « moi-papa » ou

1. Chez Ferdinand de Saussure, pour qui le signifié se rapporte au sens et le signifiant à la matérialité du mot.

« moi-les autres membres de la famille », ni que ses structures mentales sont alors principalement constituées de leurs deux premières enveloppes mentales : les sensations et les images.

Bien que, dans son élaboration de l'originaire, Piera Aulagnier se soit plus attachée à dénoncer ce qui, dans l'œuvre de Lacan, lui apparaissait comme une énorme lacune que d'essayer de comprendre ce qu'expliquait Françoise Dolto à la même époque, son concept de *pictogramme* éclaire le fonctionnement préverbal de l'image inconsciente du corps telle qu'on la retrouve dans le corps-à-corps amoureux. Pour elle, les pictogrammes sont des représentations qui datent de l'époque prélangagière où le bébé était relié à ses parents par l'activité mentale originaire. À ce niveau de son évolution, l'enfant ne différencie pas encore l'objet de la sensation qu'il procure : il suffit au bébé de voir la tétine pour se mettre instantanément à saliver. Les affects et les représentations n'étant pas encore des choses distinctes, Piera Aulagnier a défini le pictogramme comme un « affect-représentation » ou une « représentation-affect » : une représentation qui, à la différence des autres, engendre automatiquement de la mobilité pulsionnelle et affective, sans temps d'arrêt, de recul, ou de mise à distance. Or bien qu'elle-même n'ait pas considéré le pictogramme sous cet angle, les fantasmes sexuels en sont constitués, puisque ce sont des représentations qui, à la différence de celles que nous utilisons pour penser, mobilisent instantanément les énergies sexuelles.

Voilà qui complète ce que nous avons vu à propos de la construction des fantasmes. Les fantasmes sont des « représentations-affects » : des représentations qu'il suffit d'invoquer pour activer le désir sexuel. Ils ne se construisent pas avec des représentations verbales, mais avec des représentations qui proviennent de la psyché originaire, c'est-à-dire de l'époque préœdipienne où les structures mentales de l'enfant ne différenciaient pas encore l'objet de la sensation qu'il procure. On l'a vu, cette construction s'effectue à l'âge où l'enfant associe les images qui apparaissent dans sa tête à la constitution de sa *peau langagière*. Elle s'opère la nuit, dans l'activité onirique, en fabriquant des scénarios avec les images concernant le sexe et la mort pour lesquelles l'enfant n'a trouvé aucun mot dans la bouche des parents. En ce sens, les fantasmes sont des questions d'enfant qui n'ont pas pu trouver de réponse dans la langue familiale. Ce sont des images restées en suspens dans l'appareil psychique de l'enfant, faute d'avoir pu trouver les mots leur donnant droit de cité dans la réalité extérieure. Mais comme ces images proviennent d'un stade de la construction mentale dans lequel les affects et les représentations ne s'étaient pas encore différenciés, elles ont préservé le pouvoir qu'elles avaient à cet âge. De la même façon que l'image du biberon fait saliver le bébé, ce sont des représentations qui mobilisent instantanément le registre des sensations et de la sexualité.

Bien que les fantasmes soient principalement constitués d'images, ils peuvent aussi se fixer sur des odeurs, des textures ou des objets, comme dans certaines formes de fétichisme où le désir sexuel est assujetti à la présence d'un objet aussi indispensable qu'incongrue. Ce peut être une odeur particulière, une chaussure, des jarretelles, un morceau de caoutchouc ou n'importe quel autre objet nécessaire à la mobilisation des énergies sexuelles. Le fétiche fonctionne alors comme un objet magique. Investi du rôle habituellement dévolu aux fantasmes, il a le pouvoir de mobiliser la psyché prélangagière dont dépendent le registre des sensations et la jouissance.

À l'inverse, dans la phobie, c'est un objet apparemment insignifiant, un serpent, une araignée, une fleur ou une souris, qui provoque une panique à ce point intense qu'elle immobilise tous les autres processus mentaux. Comme l'objet fétiche, celui dont on est phobique est investi d'un pouvoir semblable au pictogramme, si ce n'est que sa fonction est inverse. Son rôle n'est pas de mobiliser les énergies sexuelles, mais de repousser une entité imaginaire, représentée par le serpent, l'araignée, la fleur ou la souris, susceptible, dans l'inconscient du phobique, de l'envahir, en lui faisant perdre tous les repères de son identité propre. L'objet phobique vise ainsi à repousser les fantômes maternels qui risquent de porter atteinte à l'intégrité du sujet. Ne pas pouvoir supporter l'odeur, la couleur ou la texture de la peau de quelqu'un est du même ordre. C'est alors notre mémoire de bébé qui repousse tout désir de s'unir à lui.

La phobie et le fétichisme mettent donc en jeu deux formes opposées de pictogrammes qui illustrent comment fonctionne la *mémoire originelle* à l'œuvre dans la mobilisation des énergies sexuelles. Celle-ci est constituée de deux formes de pictogrammes : les *pictogrammes à valeur positive* qui attirent, et les *pictogrammes à valeur négative* qui repoussent. C'est pourquoi la vie fantasmatique nous présente toujours les choses en noir et blanc, sur le mode de l'attraction ou de la répulsion, tel un chemin où n'existeraient qu'Éros et Antéros et où, à l'irrésistible besoin d'union que l'on ressent avec certains, répond l'aversion la plus totale que l'on éprouve pour d'autres.

L'amour n'est toutefois pas qu'une affaire de pulsions à

satisfaire. Il noue une relation beaucoup plus profonde dans laquelle le désir d'appartenir totalement l'un à l'autre vise à reconstituer la *dyade originaire* qui a permis au nourrisson de prendre pied dans l'existence. Il installe donc des liens dont les dangers ne sont pas, comme l'a pensé Freud, ceux du désir pulsionnel, mais ceux qui reproduisent la relation d'appartenance aux parents. En effet, si la rupture de ces liens, la séparation, la mort ou le divorce, peut, certaines fois, précipiter l'individu dans une souffrance sans nom, en lui faisant perdre tout goût à la vie, c'est comme nous allons le voir, parce que la *relation d'appartenance* est, non seulement celle dans laquelle se constitue le désir d'exister, mais est surtout la base sur laquelle repose le reste de la construction mentale.

À l'orée de la vie, l'activité mentale originaire a pour fonction de permettre à l'enfant d'accueillir dans sa propre psyché celle des différentes personnes qui le prennent en charge. En étant tour à tour « moi-maman », « moi-papa » ou « moi-mon grand frère », le bébé installe la base de son existence mentale. Or cette base est ce que les deux grands psychanalystes d'enfants du vingtième siècle, Françoise Dolto et Donald W. Winnicott, ont appelé le « sentiment de soi [1] » ou le « sentiment d'exister [2] ».

Tous deux ont été amenés à remettre en cause l'un des présupposés de la théorie freudienne concernant la notion de *pulsion*. Ils l'ont fait en cherchant, chacun de son côté, à comprendre pourquoi les enfants psychotiques n'accédaient pas à l'œdipe. La raison qu'ils ont trouvée est que ces enfants n'avaient pas pu créer la base sur laquelle se

1. Françoise Dolto, *Le Sentiment de soi*, Gallimard, 1997.
2. Donald W. Winnicott, *Jeu et réalité*, *op. cit.*

construit la vie pulsionnelle. L'un a défini cette base comme le « sentiment de soi », l'autre comme le « sentiment d'exister ». Sans récuser la théorie freudienne des pulsions, ni la façon dont la sexualité se structure à l'âge œdipien, ils y ont donc ajouté une étape antérieure, sans laquelle la vie pulsionnelle n'arrive pas à se construire. Cette base, dont les défaillances installent l'enfant dans ces états de morcellement et d'indifférenciation qu'on appelle la psychose, est la fondation sur laquelle s'enracine toute la construction psychique. C'est un socle indispensable à la construction du « je » qui se constitue à l'âge de la dyade mère-enfant, en se structurant tout d'abord dans la relation au sein ou au biberon.

Donald Winnicott qui ne s'est pas, comme Piera Aulagnier, penché sur le fonctionnement de l'activité mentale originaire, considère que la constitution du « sentiment d'exister » repose sur un paradoxe dans lequel la mère doit permettre au bébé de considérer le sein comme un organe faisant partie de son corps à lui. Bien qu'ils aient appartenu à des groupes divergents et n'aient jamais travaillé ensemble, Françoise Dolto, Donald Winnicott et Piera Aulagnier ont ainsi, tous trois, chacun à sa façon, perçu la psyché originaire comme une activité mentale permettant au nourrisson de s'autoconstruire dans la relation à ses figures tutélaires. À cet âge, ne distinguant ni l'espace de son corps, ni son activité psychique de ceux des personnes qui le prennent en charge, le nourrisson situe son existence dans un territoire psychique qui est, en même temps, lui et sa mère : lui qui pleure dès qu'il souffre, et elle, son « moi-maman » qui y répond. Pour lui, ces deux polarités, « moi-qui pleure » et « moi-maman » sont indissociables l'une de l'autre. De son point de vue, elles appartiennent à la même entité mentale, celle de la psyché familiale dans laquelle on l'accueille, c'est-à-dire un « moi-désiré par papa-maman ».

Ce n'est donc pas, comme l'a pensé Freud, la sexualité orale du nourrisson qui est à la base de son désir de vivre, mais la *relation d'appartenance* par laquelle il s'enracine dans les structures mentales de ceux qui le prennent en charge. À l'orée de la vie, son psychisme n'étant pas encore séparé de celui des parents, les liens qui associent l'enfant à sa mère ne sont pas, comme à l'âge adulte ou après la structuration œdipienne, des liens pulsionnels unissant deux sujets séparés, mais une *relation d'appartenance* dans laquelle l'enfant et la mère ne forment qu'un seul et même espace affectif et mental[1].

La nécessité d'appartenir à une mère domine en effet l'activité libidinale du bébé. Françoise Dolto l'a amplement montré : les pulsions orales du nourrisson dépendent totalement de la « relation communautaire » qui l'associe à sa mère et rend sa vie indissociable de la sienne. Si, par exemple, il est soudainement séparé d'elle, par une hospitalisation ou pour une autre raison, ne retrouvant plus, dans son image de communication olfactive, l'odeur qui lui permet de la discerner entre toutes, le bébé peut perdre le désir de vivre et se laisser mourir. Avec son odeur, il perd son « sentiment d'exister » et ne peut plus téter. Lorsque cela arrive, il suffit, comme l'a découvert Françoise Dolto, d'entourer son biberon d'un linge de corps de la mère imprégné de son odeur. Retrouvant alors sa mère à travers son odeur, le nourrisson se sent à nouveau exister et récu-

1. Dans la psychanalyse transgénérationnelle, cet espace affectif et mental commun est celui que Nicolas Abraham a appelé « l'unité duelle ». Voir note p. 136.

père comme par enchantement le réflexe de succion qu'il avait perdu en la perdant elle.

À l'âge adulte, les liens d'appartenance élargissent leur rayon d'action dans la constitution des formes sociales et culturelles de l'esprit, en engendrant ce que Freud a appelé le *surmoi*[1]. Les *relations d'appartenance* déterminent alors la façon dont la famille autorise ou empêche de vivre sa sexualité, au nom des us et coutumes, tabous ou interdits propres à chaque communauté. Alors que chez le bébé, c'est le sentiment d'appartenir à une mère qui autorise ou interdit le libre cours des pulsions affectives et libidinales, chez l'adulte, c'est l'appartenance à une famille, une classe sociale ou une religion qui détermine la façon dont on vit et assume ses désirs et pulsions. Le premier gouvernement de la sexualité est, en ce sens, la mère, le second, la famille, et le troisième, la citoyenneté.

Dans un couple, le désir de s'appartenir l'un à l'autre, pour toujours et sans aucune limite, prend obligatoirement appui sur la relation première d'appartenance à la mère dans laquelle s'est constitué le « sentiment d'exister ». Cela explique que l'amoureux éconduit ou la belle abandonnée puisse, comme le nourrisson ayant perdu l'odeur de sa mère, sombrer dans une dépression leur faisant perdre tout goût à l'existence. Au-delà des échanges pulsionnels, l'amour n'a de cesse de retrouver ce lien premier à l'autre. L'ignorer conduit à en faire une relation passionnelle et tyrannique, parsemée de scènes et de drames. Qu'ils structurent les liens sociaux, les alliances de classe, les confréries religieuses, les rapports de suzeraineté, ou cimentent les relations amoureuses, les liens d'apparte-

1. Voir à ce sujet Didier Dumas, « La place du père dans la constitution et la solidité des liens sociaux », *Et l'enfant créa le père*, *op. cit.*

nance sont toujours vécus comme des liens réclamant une fiabilité parfaite, et qu'il est donc difficile de rompre.

Dans la jouissance sexuelle, l'activité mentale originaire permet d'atteindre la délicieuse sensation d'être tout à la fois soi-même et l'autre. Or, si cette plongée dans les « bonbonnes énergétiques » de l'originaire conduit vers le septième ciel, elle le fait en recréant la relation première à la mère. Elle comporte donc pour principal danger de déléguer inconsciemment à l'autre les clefs de son existence, en l'installant à la place qui a été celle des parents dans l'enfance. Soit on assujettit son conjoint à remplacer le radiateur affectif et nourricier qu'ils ont été, ce qui aboutit à ne plus pouvoir le considérer comme un individu sexué, soit, au contraire, on établit avec lui une relation sexuelle de nature toxicomaniaque qui, ayant tendance à confondre le sexe avec un cordon ombilical, fait qu'à ne plus pouvoir se passer de lui, on en arrive à le faire fuir.

L'originaire crée ainsi chez les amants des pulsions contradictoires où au désir d'appartenir totalement à l'autre s'oppose la peur de s'emprisonner en lui ou de perdre toute intégrité. Cette ambivalence du désir qui l'inhibe, dans le temps même où il se formule, fait que le besoin d'être tout à l'autre ne conduit qu'à le lui reprocher. Les amants s'enferment alors dans les mailles d'un désir qu'ils ressentent comme aussi dangereux qu'indestructible. Ils ne peuvent ni se donner pleinement l'un à l'autre, ni y renoncer. D'un côté, la relation d'appartenance leur fait peur, car elle risque de remettre en scène tous les fantômes de la petite enfance, de l'autre, elle reste investie, dans leurs inconscients, comme l'une des clefs les plus ultimes de la jouissance. C'est ainsi que se met en place le jeu du « Je te veux sans te vouloir » dans lequel les amants en arrivent à se rendre fous. La peur qui détermine alors l'ambivalence du désir est celle de se retrouver aussi dépendant qu'on l'était à l'époque de la dyade mère-enfant, lorsque maman était un « moi auxiliaire » ou une indispensable béquille.

Fantômes maternels et sadomasochisme

Dans la phobie, avons-nous dit, l'objet phobique est investi d'un pouvoir magique dont la fonction est de repousser les fantômes maternels susceptibles de porter atteinte à l'intégrité psychique de l'individu. Dans l'érotisme, la peur que soulèvent ces fantômes est celle de se perdre en l'autre ou de se retrouver, dans ses bras, aussi démuni qu'un enfant. Cette peur est aussi celle qui détermine la problématique du don juan. Le don juan a besoin d'affirmer sa virilité en se prouvant qu'il peut séduire toutes les femmes, mais il redoute à ce point la relation d'appartenance qu'il les fuit, en prenant ses jambes à son cou, dès qu'il arrive à les faire succomber à ses charmes. C'est également cette peur qui est le moteur d'une érotique occupant une place importante dans notre culture, si l'on en juge par la lucrative commercialisation dont elle est l'objet : le sadomasochisme.

Le sadomasochisme prend sa source à l'époque de la dyade mère-enfant, c'est-à-dire à un âge où la mère est tout à la fois l'esclave et le maître absolu de l'enfant. La mère est alors, pour l'enfant, celle avec qui il découvre ce qui constitue le plaisir de la vie, en construisant avec elle sa peau de sensations. Mais surtout, tant qu'il n'a pas découvert le rôle du sexe de son père dans sa venue au monde, elle est pour lui le dieu créateur qui lui a donné vie et dont il dépend corps et âme. Si elle l'élève sans une parole sur la sexualité, la structuration œdipienne ne pouvant correctement s'effectuer, la mère reste ce dieu, et à l'âge adulte, elle continue à l'être, non pas à un niveau conscient, mais dans les profondeurs de l'inconscient que le désir sexuel remet en jeu.

Découvrir que c'est le père qui fait des enfants à la mère la fait passer du statut de dieu créateur à celui de demi-dieu. Or si cette révélation est le pivot la maturation œdipienne, l'œdipe n'est pas la découverte du plaisir corporel tel qu'on le vit à l'âge adulte. À l'âge œdipien, l'enfant s'est déjà constitué une mémoire du plaisir corporel, au sein et dans les bras de sa mère. Pour lui, il s'agit maintenant de comprendre la différence des sexes et de faire déchoir la mère du statut de dieu créateur qu'elle avait jusqu'alors.

Lorsque, à l'âge œdipien, l'individu n'a pas pu se constituer une représentation claire de la complémentarité des sexes, en devenant adulte, il retrouve le désir sexuel d'une façon brute, c'est-à-dire tel qu'il l'a intégré à l'âge de la dyade mère-enfant. Cet âge étant celui où se constitue la peau de sensations, le désir sexuel ne se présente alors qu'à travers ce seul registre, sans pouvoir être médiatisé par celui des sentiments qui, lui, se structure à l'âge œdipien. Cela donne des individus qui savent se toucher, mais qui ne savent pas commencer par se parler. Or lorsqu'on ne sait que se toucher, la sexualité risque d'être entièrement sous la gouverne des fantômes maternels. Le désir sexuel, craignant alors de ne retrouver qu'une relation mère-enfant qui l'inhiberait, invente toutes sortes de subterfuges qui, comme l'objet fétiche, garantissent, sur un mode magique, que l'on ne va pas redevenir un enfant.

C'est ce que font les sadomasochistes. Ils utilisent toute une panoplie d'objets fétiches comme les liens ou le fouet qui, destinés à soumettre, n'ont qu'accessoirement la fonction de faire mal. Ils servent à mettre en scène la magie du phallus, afin d'en faire un maître aussi absolu que redoutablement délicieux. En effet, tout cet attirail guerrier vise, inconsciemment, à soumettre les fantômes maternels qui risqueraient d'inhiber la sexualité à la suprématie du phallus auquel l'enfant n'a jamais eu la possibilité d'envisager que sa mère ait pu être soumise. C'est pourquoi, dans les jeux sadomasochistes, le sexe du partenaire ou la place qu'on occupe importe peu. La dyade est une époque où l'enfant n'a pas encore clairement choisi son sexe. Il est, comme on le dit de ceux qui le restent, bisexué. De plus, il bénéficie de la possibilité d'être tout à fois lui-même et l'autre. Dans la reconstruction érotique de cette dyade, que l'on s'attribue le rôle d'un phallus possesseur et tyrannique ou celui d'un esclave soumis à toutes ses exigences ne modifie donc guère la jouissance qu'on en retire. Il s'agit avant tout de retrouver le fonctionnement originaire d'une dyade, dans laquelle le fouet se substitue à un phallus fantasmé comme d'autant plus puissant et redoutable qu'il n'a jamais pu être un référent dans l'esprit de l'enfant.

Masturbation, fétiches et autres amusements

Nous avons vu que la notion de perversion sexuelle apparaît à fin du dix-neuvième siècle, en même temps que notre vocabulaire sexuel et la psychanalyse, lorsque la médecine, confrontée aux ravages que ses thèses antimasturbatoires ont provoqués dans l'éducation des enfants, les découvre et les inventorie. Mais alors que la psychanalyse a fait preuve d'une certaine efficacité dans le domaine des névroses, il n'en va pas de même dans celui des perversions.

La façon dont Freud a essayé de les expliquer, en postulant que le fétiche est un substitut du « phallus maternel » dont l'enfant a pourvu sa mère par peur de la découvrir châtrée, n'a non seulement pas attiré à lui les pervers, mais a eu tendance à les faire fuir. La façon dont, un demi-siècle plus tard, Jacques Lacan a tenté d'en théoriser la structure, de même. Avant lui, la perversion était considérée comme un ensemble de pratiques sexuelles bizarres ou incongrues. En lui donnant le statut de structure, Lacan a cherché à en cerner la dimension relationnelle et sociale. En ce sens, la perversion est ce que font tous ceux qui, prétendant vouloir le bien des autres, s'y consacrent afin de pouvoir d'autant mieux ignorer leurs propres problèmes. Cette façon d'élargir la perversion à la nature des relations qu'elle engendre associe donc, dans la même structure, des comportements propres aux juristes, aux médecins, aux dames patronnesses ou aux thérapeutes. Elle a l'avantage de sortir la perversion du seul domaine sexuel pour considérer ses effets dans les jeux de pouvoir institutionnels, financiers ou politiques. Par contre, elle n'a éclairé ni comment celle-ci se construit dans la petite enfance, ni comment elle s'investit, à l'âge adulte, dans les relations sociales et professionnelles.

Dans un congrès organisé par ses élèves sur la transmission de la psychanalyse et avant de dissoudre l'école qu'il avait fondée, Jacques Lacan a, lui-même, assez clairement expliqué cet échec. Alors qu'il avait instauré les séances courtes à des fins didactiques et n'avait, durant plusieurs décennies, analysé que des analystes, il a conclu ce congrès en déclarant que la psychanalyse était de toute évidence intransmissible. Qu'en conséquence, chaque analyste devait la réinventer. Et que, si elle avait prouvé son efficacité dans la clinique des névroses et, certaines fois, dans celle des perversions, la question qu'il n'était pas arrivé à résoudre, dans sa pratique, était de savoir pourquoi, lorsqu'on analysait des névrosés, cela n'aboutissait la plupart du temps qu'à en faire des pervers.

Que la psychanalyse puisse révéler la perversion est une réalité sur laquelle Freud avait déjà mis le doigt, en constatant que, si les névrosés souffraient d'inhibitions sexuelles, la perversion pouvait néanmoins occuper, dans leur vie imaginaire, la place d'un « idéal du moi ». Toutefois, ce n'est qu'avec la conceptualisation des *images de communication archaïque* par Françoise Dolto que l'on a pu commencer à comprendre la constitution des perversions autrement que comme le résultat du désir infantile de voir la mère pourvue d'un membre viril dont les objets fétiches seraient le substitut.

Les perversions se construisent, comme les fantasmes, avec des matériaux psychiques qui ne proviennent pas de l'âge œdipien, mais de la psyché originaire, c'est-à-dire de strates mémorielles, essentiellement constituées d'images et de sensations, dans lesquelles les espaces corporels et mentaux ne se sont pas encore clairement différenciés. Comme les névroses, elles sont dues à l'absence de parole sur le sexe et la mort avec laquelle l'enfant a été élevé. Mais alors que les parents des névrosés ne leur ont généralement rien laissé percevoir de leur sexualité ou, pire, en ont fait le deuil, les pervers ont été, le plus souvent, élevés par des adultes qui leur ont permis de combler partiellement cette absence d'information sur la sexualité, soit en exhibant la leur, soit en tripotant l'enfant sans un mot et en déniant la valeur sexuelle de cette manipulation. La construction sexuelle de l'enfant s'effectue alors en substituant à l'absence de parole des parents un certain nombre de pictogrammes fixés soit sur des objets liés à l'exhibitionnisme parental, comme les jarretelles, les bas, les culottes ou les chaussures, soit sur des parties ou des productions du corps associées à ce tripotage, comme la bouche, l'anus, l'urine ou les excréments.

Comprendre comment cela s'effectue, demande de revenir sur le fonctionnement des orifices. Nous avons vu que les images de communication archaïque ne se constituent pas à partir du rôle des orifices dans les transits matériels, la nourriture, l'air, les larmes ou l'urine, mais à partir de leur fonctionnement vibratoire qui, lui, se perçoit dans le plaisir ou le désagrément que procure leur excitation. À ce niveau, les orifices sont tous « bisexués » : émetteurs et récepteurs. Si, par exemple, le pénis n'était qu'émetteur, l'homme n'éprouverait aucun plaisir à pénétrer la femme. De plus, en cas de défaillance, ils peuvent se substituer les uns aux autres, comme cela s'observe chez les sourds qui « entendent » avec leurs yeux, en décryptant les paroles à la mobilité des lèvres, ou chez les aveugles qui « voient » l'espace en le percevant par les oreilles.

Les perversions reposent sur des phénomènes analogues. Le manque d'information verbale dans laquelle l'enfant est élevé crée une sorte d'atrophie énergétique des orifices sexuels qui, comme chez l'aveugle ou le sourd, leur fait déléguer leurs fonctions aux orifices excités par le tripotage ou l'exhibitionnisme parental. Les structures mentales originaires de l'enfant attribuent ainsi un rôle sexuel, soit aux orifices dont il connaît l'usage, comme la bouche, les yeux, les narines ou l'anus, soit aux choses ou aux substances qui les excitent, comme l'odeur, les excréments, le caoutchouc de la couche-culotte ou tout autre objet investi d'un pouvoir pictogrammique. En ce sens, le sodomite est un enfant qui n'a jamais pu imaginer que sa mère soit pourvue d'un vagin, le voyeur un enfant qui a substitué une image de communication visuelle à celle de son pénis, le fétichiste des excréments un enfant qui a substitué une image de communication anale à celle du sein ou de la vulve, le masochiste un enfant qui a considéré les fessées des parents comme de l'activité sexuelle, et ainsi de suite, selon toutes les formes de combinaison et de substitution possibles.

Si les perversions sont, comme les névroses, le produit du manque d'informations sexuelles qui a mutilé la construction œdipienne de l'enfant, dans les névroses, ce vide de représentations œdipiennes entrave la sexualité ou la rend impossible, alors que, dans les perversions, il est comblé par un fonctionnement hypertrophié des images de communication archaïque qui la met à fleur de peau, en en faisant une activité compulsive, obsédante, insatiable ou forcenée.

Être confronté, enfant, à des parents incapables de parler des organes avec lesquels ils nous ont donné vie est profondément traumatique, même si la plupart du temps cela n'est perçu ni par les parents ni par les éducateurs. Dans la névrose, ce traumatisme est « enkysté » sous l'absence totale d'informations sur le sexe et la mort. Dans la perversion, il est partiellement comblé par les informations sensitives et visuelles dues à l'exhibitionnisme des parents ou au tripotage de l'enfant. Au cours de la toilette ou d'une autre façon, l'enfant a découvert quelque chose qui a créé des sensations agréables, mais il n'a trouvé aucun mot permettant d'en parler. Il a donc éprouvé quelque chose qui ne peut exister qu'à moitié : quelque chose qui restera vivant dans la mémoire de son corps, mais qui sera mort à l'extérieur, dans le langage. Voilà ce qu'est, à cet âge précoce où l'enfant a besoin de comprendre d'où il vient et où il va, le traumatisme dans sa dimension la plus quotidienne.

Les perversions proviennent ainsi de traumatismes qu'en général, personne et pas même l'enfant, n'a repérés comme tels. Ce peut être un éclat de rire en réponse à une question, une gifle qui interdit de parler de ces « vilaines choses ». C'est en tout cas un événement qui, ne prenant en compte ni le vécu ni les questions de l'enfant, a blessé son cœur, en l'enfermant en lui et en ne lui laissant que sa propre vie fantasmatique pour répondre à ses interrogations. Si par exemple, il reçoit une gifle pour toute réponse aux questions qu'a soulevées en lui un plaisir inhabituel, il lui est impossible de comprendre quelle bêtise il a pu commettre. Il peut bien sûr se dire que sa mère est excédée ou en manque d'amour. Mais, dans sa vie fantasmatique, il aura tendance à y voir le signe de l'irrésistible désir qu'elle éprouve pour lui. Si elle le frappe un peu trop souvent, il l'interprétera, dans ses fantasmes, comme une preuve d'amour irréfutable. Estimant qu'il doit l'alléger du poids de souffrance qui la met dans un tel état, l'enfant imaginera qu'il est la seule personne capable de le faire. Et c'est ainsi que se met en place une organisation masochiste, c'est-à-dire une structure érotique dans laquelle souffrir a été conçu par l'enfant comme la façon usuelle d'établir une communication énergétique et sexuelle entre soi et l'autre.

L'enfant battu peut aussi devenir sadique. Dans ce cas, la violence de l'un ou l'autre de ses parents le terrorisait. Pour y échapper et ne pas être contraint de l'interpréter comme un désir de meurtre, il dissout cette peur en s'identifiant au parent qui le frappe. Utilisant ses facultés mentales originaires, l'enfant est alors, sous les coups, à la fois celui qui est battu et celui qui bat. Il annihile ainsi la violence du parent en se l'appropriant. Cela évite, au moins imaginairement, qu'elle le détruise. Mais comme il a incorporé cette violence à ses structures mentales, celle-ci ressortira à l'âge adulte, de façon quasi inéluctable, sous forme de pulsions sadiques.

Dans l'inconscient de l'enfant, les parents restent les dieux qui lui ont donné vie. Lorsqu'ils le frappent, il a donc tendance à considérer que l'énergie avec laquelle ils le violentent est d'une nature semblable à celle avec laquelle ils l'ont fait. Cela explique que, bien qu'il soit le premier à la subir, il puisse idéaliser leur violence, mais aussi comment celle-ci se transmet. Car, la répétition aidant, cette violence parentale que l'enfant a inconsciemment faite sienne ressortira, en premier dans la sexualité, soit dans les fantasmes sexuels, soit dans la tyrannie conjugale et le martinet avec lequel on élèvera ses propres enfants.

Quelle que soit la forme que prennent les perversions, elles proviennent donc toujours de la façon dont les structures mentales de l'enfant ont cherché à combler un manque d'information sur le sexe et la mort. L'un de mes clients, par exemple, affectionnait les chaussures au point qu'elles étaient, dans ses ébats érotiques, les seuls objets féminins susceptibles de recevoir ses éjaculations. Il devait avoir cinq ou six ans lorsqu'il entendit un ami de son père raconter, les yeux brillant d'un éclat inaccoutumé, un événement au cours duquel, disait-il, « il avait pris son pied ». L'enfant imagina que les adultes prenaient plaisir à se sucer les orteils comme il avait vu un bébé le faire. Il interrogea son père, mais n'obtint pour seule réponse qu'un grand éclat de rire qui blessa irrémédiablement sa curiosité infantile. Meurtri par cet événement où il avait vu son père le rejeter du monde des hommes, il n'eut de cesse de résoudre le mystère de cette question de « pied » sur lequel s'était refermée la bouche paternelle. Il passa le reste de son enfance dans le placard à chaussures de sa mère. Celles-ci devinrent ses principaux jouets. Il leur donnait des noms tendres, les classait par famille, les installait comme des marionnettes sur ses menottes, ou les alignait en file indienne comme des petites voitures. Ces chaussures ayant été le seul véhicule de ses fantasmagories enfantines, c'est dans ce placard qu'il avait rêvé de devenir, comme dans la chanson, le « petit cordonnier » qui, grâce à son talent, obtient les faveurs de l'inaccessible princesse. Et c'est ainsi qu'à l'âge adulte, il continuait à honorer de ses éjaculations les innombrables escarpins qu'il offrait à sa belle.

Tels peuvent être les effets du silence des pères qui, reproduisant celui de leurs propres pères, continuent à élever leurs enfants sans leur expliquer ce qu'est la sexualité. Dans la structuration perverse, ce manque d'informations a toutefois des effets moins douloureux que dans la névrose où la sexualité n'arrive pas du tout à s'accomplir, car il est partiellement colmaté par une hypertrophie des images de communication archaïques préœdipiennes. Les pervers sont, de ce fait, moins enclins à consulter les analystes que les névrosés et, lorsqu'ils le font, c'est rarement parce que leurs particularités sexuelles leur posent problème, mais plutôt parce qu'elles sont mal supportées par ceux avec qui ils vivent.

Tel était le cas le cas de cet homme, évoqué au début de ce livre, qui souffrait, enfant, d'un phimosis et que sa mère avait hygiéniquement masturbé, durant des années, sur un tablier de caoutchouc. Il avait, lui aussi, été enfermé dans une structure fétichiste par l'incapacité de son père de lui expliquer la sexualité. Ayant été initié à la jouissance par cette masturbation hygiénique, il avait cherché à le faire parler en se masturbant devant lui. Or son père, en lui déclarant, comme on le faisait au dix-neuvième siècle, que la masturbation « est dangereuse pour les garçons », n'a obtenu qu'une chose : que son fils rêve, toute son enfance, d'être une fille et qu'à l'âge adulte, il ne puisse éjaculer sans le contact d'un tissu de caoutchouc. Malgré cela, le fétichisme de cet homme aurait pu continuer à ne lui poser aucun problème s'il n'avait mis son couple en danger. Le besoin de cette « béquille sexuelle » qu'était pour lui le caoutchouc était tel que son épouse en était arrivée à considérer les tabliers qu'il lui faisait porter dans leurs ébats érotiques, comme d'épouvantables rivales qu'elle lacérait de ses ongles ou piétinait de rage. En réalité, elle n'avait pas tout à fait tort de considérer sa passion fétiche du caoutchouc comme une rivale. Elle-même croyait s'en prendre à ce qu'elle appelait « ses obsessions érotiques ». En fait, elle se révoltait à l'idée de devoir partager toute sa vie une sexualité masturbatoire qui ne sortait pas de l'auto-érotisme incestueux de son enfance à lui. Pour elle, ces tabliers étaient devenus aussi insupportables que l'aurait été la présence illégitime d'une belle-mère qui se serait, de cette façon, installée dans le lit conjugal.

Le fétichisme de son époux reflétait l'idée qu'il s'était forgée, enfant, de la jouissance. Il n'avait jamais envisagé qu'elle puisse être autre chose qu'une « masturbation materno-hygiénique » que le caoutchouc rendait délicieuse. L'amour était pour lui une affaire de peau, de toucher, de contact, mais non de paroles. Celles de son père l'ayant empêché de se construire en s'identifiant à lui, sa libido s'était structurée sur un mode purement kinesthésique, comme une hypertrophie de la peau de sensations occupant toute la place et excluant tout autre mode d'expression érotique.

Les pervers sont souvent des enfants qui ont été adulés, tripotés et en permanence surexcités à l'âge de la dyade mère-enfant, mais qui, à celui de l'œdipe, n'ont pu se représenter ni la féminité de leur mère ni la virilité de leur père. Lorsque l'enfant est ainsi excité sans une parole qui lui permette de comprendre la différence des sexes, le plaisir auquel l'initie l'adulte ne renvoie les questions qu'il se pose sur la sexualité qu'au registre de l'agréable ou du désagréable. Cette situation installe la sensation comme seule réponse à ses questions, ce qui court-circuite ses facultés d'investigation, l'empêche de se forger des représentations imaginaires de la sexualité, et lui évite d'avoir à interroger le sexe dans sa fonction reproductive, ses mystères et son rapport avec la mort.

Ce genre d'éducation engendre généralement une sexualité semblable à celle de cet homme, dans laquelle on est contraint de se toucher avant de se parler et où seul le présent existe. Dans l'érotisme pervers, le temps est en quelque sorte écrasé dans celui de la petite enfance. Ce sont l'odeur des sandales maternelles, la volupté des fessées ou les sensations provoquées par la couche-culotte que la jouissance vise à remettre en scène. La sexualité a ainsi tendance à s'enfermer dans un scénario préétabli qui se répète, inlassablement, à la recherche de ce seul plaisir. Si elle en devient prisonnière, c'est parce qu'elle est sous l'emprise d'une scène perdue : celle où, en réponse aux questions que font surgir les sensations dans son corps, l'enfant n'a trouvé qu'une chaussure ou un morceau de caoutchouc.

Quatrième tableau

Le plaisir sexuel et la symphonie de l'orgasme

La sexualité chinoise et les recherches sur l'image inconsciente du corps

Durant les longues années qu'a duré mon analyse personnelle, j'ai vécu, comme beaucoup d'autres, dans l'idée que, depuis que 1905, date où Freud a publié ses *Trois essais sur la théorie de la sexualité*, nous savions tout d'elle. Ce qui m'a permis de comprendre qu'une théorie de la libido n'est pas forcément une théorie de la sexualité adulte et de remettre en cause cette certitude, c'est, d'une part, ma relation d'amitié et de travail avec Françoise Dolto, mais également la découverte du taoïsme et de la sexualité chinoise.

La rédaction de *La Sexualité masculine* a été l'amorce de cette prise de conscience. J'avais projeté d'y expliquer la jouissance sexuelle, mais après m'y être essayé en vain, je fus contraint de reconnaître que la théorie freudienne ne le permettait pas. Je limitai donc mon propos au rôle qu'y jouent les fantasmes. Quelques années auparavant, j'avais entrepris des études d'acupuncture, non pas pour la pratiquer, mais pour comprendre ce qu'était cette énergie de nature psychique qu'on appelle le souffle ou le *Qi*[1], et qui n'a aucun équivalent dans la médecine occidentale.

Le mystère que représente cette énergie vient tout d'abord de ce qu'elle ne circule pas dans les nerfs, mais dans ces trajets immatériels reliant les points d'acupuncture que sont les douze grands méridiens. Ces études m'avaient fait comprendre qu'il s'agissait d'une des énergies à l'œuvre dans l'image inconsciente du corps de l'enfant. Les ayant terminées, je poursuivais ce travail dans un petit groupe de collègues et d'amis où les enseignants de l'École européenne d'acupuncture, Claude Larre et Élisabeth Rochat de la Vallée, nous initiaient à la conception taoïste de l'esprit, telle qu'elle est présentée dans les ouvrages de médecine chinoise. Ce dont ils ont fait, depuis, un très beau livre[2]. À la suite d'une de nos réunions où j'avais essayé de trouver des équivalences entre les termes chinois et les concepts psychanalytiques, je compris, dans une sorte d'eurêka, qu'en substituant la conception taoïste du corps à ce que la théorie analytique appelle les *objets partiels de la libido*, il était relativement simple de concevoir une théorie des processus de la jouissance sexuelle.

Dans la théorie freudienne, les objets partiels de la libido désignent les investissements libidinaux qui ne jouent aucun rôle dans la procréation. Freud en a dénombré quatre : le sein, le regard, la voix et les excréments, que Jacques Lacan a regroupés dans son concept d'*objet petit a*. La théorie des objets partiels de la libido est ainsi la base sur laquelle repose la conception freudo-lacanienne du fantasme. Le taoïsme aborde cette dimension de l'esprit tout

1. Se prononce « chi ».
2. Claude Larre et Élisabeth Rochat de la Vallée, *Les Mouvements du cœur, Psychologie des Chinois*, Desclée de Brouwer, 1992.

autrement. Il considère que l'activité mentale s'exprime à travers tous les orifices du corps, d'une manière qui implique autant ceux de la face que ceux de l'entrejambe. La façon dont il conçoit ce que nous appelons les fantasmes et les pulsions est donc assez proche de celle par laquelle Françoise Dolto a décrit l'image inconsciente du corps, en la présentant comme constituée d'autant d'images de communication archaïque qu'il existe d'orifices dans le corps.

Dans les traités d'acupuncture, l'homme est décrit comme un individu qui a la tête ronde, à l'image du ciel, les pieds carrés, à l'image de la terre, et qui est pourvu de neuf orifices : sept à la face, présentés comme ceux du cœur, et deux du bas, le sexe et l'anus. Pour obtenir une image du corps érotique comparable à celle que constituent les images de communication archaïque de Françoise Dolto, il faut en ajouter trois, les seins et l'ombilic. Cherchant de plus amples informations sur ces trois orifices, je les trouvai dans le livre de Catherine Despeux, *Immortelles de la Chine ancienne*[1], publié, comme par hasard, la même année que *La Sexualité masculine*. Ce livre traite de l'alchimie sexuelle féminine taoïste et montre la place centrale qu'occupent ces trois orifices dans les exercices de souffle qui constituent cette alchimie, où l'on fait circuler le *Qi* dans les trajets énergétiques de la sexualité, à des fins spirituelles.

Disposant ainsi de quoi comparer l'image du corps de Françoise Dolto à celle des taoïstes, je proposai à un ami acupuncteur, Benny Cassuto, d'organiser des journées d'étude et de recherche sur l'érotique chinoise et l'image inconsciente du corps. Celles-ci se déroulèrent dans un lieu

1. Catherine Despeux, *Immortelles de la Chine ancienne*, Pardès, 1990.

fort agréable, le château de Charbonnières, où nous travaillâmes avec une soixantaine de personnes durant deux ans, à raison de quatre week-ends par an. Benny Cassuto, accompagné de quelques autres acupuncteurs et sinologues, y présenta l'image du corps taoïste, telle qu'elle est décrite dans les textes de médecine, d'alchimie sexuelle et de philosophie. De mon côté, je m'appliquai à mettre en relation la façon dont les taoïstes conçoivent les orifices avec ce qu'en dit Françoise Dolto dans sa théorie des images archaïques de communication. Le fil d'Ariane reliant la diversité des travaux présentés était tenu par deux sinologues, Alice Fano et Cyrille Javary, qui traduisaient et commentaient le *Su Nü King :* un texte de la bibliothèque taoïste qui n'est pas un livre d'alchimie, mais un traité d'hygiène sexuelle à fonction domestique.

L'hygiène dont il est question est toutefois très différente de la façon dont nous la concevons de nos jours. Les microbes n'ayant pas encore été découverts, l'hygiène du *Su Nü King* est une hygiène des souffles. Adressée à l'homme chinois de l'époque, qui a au moins trois femmes et doit être en mesure de toutes les satisfaire, elle est fondée sur la rétention de l'éjaculation. Cette rétention est une sorte de yoga axé sur la maîtrise du souffle et des énergies sexuelles. Elle n'a donc rien à voir avec sa forme occidentale, le *coïtus interruptus*, qui brime la jouissance en l'interrompant. Elle vise, au contraire, à la diriger vers des zones vibratoires d'une finesse et d'une intensité très supérieures à celles de l'éjaculation. Ce qui permet de la contrôler, en la rendant inutile ou accessoire.

L'acupuncture se résume à deux « classiques » : le *So Wen* et le *Ling Shu*. Ces deux livres qui datent de l'époque où a été écrite la Bible sont, depuis, commentés génération après génération. Mettant en scène un personnage mythique, Huang Di, l'Empereur Jaune, ils racontent comment la médecine lui a été enseignée par un Immortel appelé Qi Po. Huang Di est, d'une certaine façon, l'Adam chinois, l'ancêtre originaire de l'Empire du Milieu. Les Immortels sont, dans le taoïsme, ce que nous appelons, dans nos religions, des saints : des individus dont la vie a été semblable à celle de Thérèse d'Avila ou de Jean de la Croix, et qui, par un travail sur eux-mêmes, la méditation, l'alchimie et le yoga, ont acquis l'immortalité.

À la différence des religions bibliques, dans lesquelles elle est suspendue au Jugement dernier et à la résurrection des corps, dans le taoïsme, l'immortalité de l'âme s'acquiert de son vivant, dans l'expérience même de la vie et la capacité d'y trouver son *Tao* : son chemin spirituel propre. Les taoïstes considèrent donc le corps d'une façon diamétralement opposée à celle de nos ancêtres. Ils n'y voient pas l'un des domaines privilégiés de Satan, mais le premier espace de la méditation et de la Connaissance.

Pour les taoïstes, la santé spirituelle implique donc tout d'abord de savoir bien manger, bien déféquer et bien faire l'amour. Voilà l'une des raisons qui les a conduits à inventer, avec l'acupuncture, une des médecines les plus étonnantes de notre planète. Pour eux, le premier obstacle à l'immortalité de l'âme n'est pas le péché, mais la mort survenant avant son heure. De leur point de vue, avoir mené sa vie jusqu'au bout, en ayant accompli ce pour quoi on s'est incarné, conduit obligatoirement à la Grande Lumière, qui est la conception orientale du Paradis. En revanche, si on meurt prématurément sans avoir pu le faire, on risque, une fois mort, de continuer à errer dans l'espace terrestre, sous l'aspect d'un fantôme, cherchant inlassablement à accomplir ce qu'on n'a pas pu achever de son vivant.

Alors que, dans les livres de médecine, l'Empereur Jaune est enseigné par un homme, dans le *Su Nü King*, ce sont trois femmes, trois Immortelles, et plus particulièrement Su Nü, qui l'initient à la sexualité. *King* est une appellation qui désigne les textes sacrés. Le *Su Nü King* en fait partie. Dans la Chine ancienne, la sexualité est sacrée, comme dans la plupart des grandes cultures de l'époque, mais surtout, à l'opposé de la barbarie avec laquelle l'a traitée la médecine occidentale, elle est considérée comme une activité préventive de toutes les maladies. Le *Su Nü King* est, en cela, un texte complémentaire des deux ouvrages de médecine.

Les questions que pose l'Empereur Jaune à Su Nü sont souvent d'une pertinence étonnante. Tel un jeune analysant effrayé par la complexité du domaine sexuel et les difficultés qu'il redoute d'y rencontrer, Huang Di demande par exemple :

– Mais ne pourrait-on pas se passer de la sexualité ?

– En aucun cas ! lui répond Su Nü. Sans sexualité, l'esprit ne peut pas s'épanouir !

La « porte de la Connaissance » étant l'activité sexuelle, dans le taoïsme comme dans Bible, la médecine chinoise considère que l'érotisme est une nourriture de sensations, d'affects et d'émotions indispensable au développement de l'esprit. C'est donc l'amour qui est le premier des remèdes, et non ces formes sophistiquées de masturbation que cultivent les lieux de rencontres spécialisés ou la prostitution. La masturbation soulage, mais ne nourrit pas l'esprit. La prostitution offre une forme plus agréable de masturbation. Mais comme tout y est organisé pour pouvoir jouir sans avoir à se connaître, elle ne permet pas un échange énergétique réciproque : on s'y soulage, en libérant ses fantasmes, mais cela n'aboutit qu'à faire circuler son propre potentiel libidinal en vase clos.

Voilà donc comment les clefs de la Connaissance sont présentées dans ce livre qui explique aux hommes comment acquérir la maîtrise de leur éjaculation, afin d'économiser et de renforcer leur énergie sexuelle.

Achevant son initiation, Huang Di pose une ultime question :

– Dites-moi, demande-t-il à Su Nü, est-il possible de coïter avec des fantômes ?

– Oui, bien sûr ! lui répond-elle. Et c'est une maladie très grave !

– Et pourquoi ?

– Parce que, lorsqu'on coïte avec des illusions et des fantômes, on se vide de son énergie sans pouvoir la renouveler.

Tels sont, selon le taoïsme, les dangers d'une sexualité nourrie des raffinements extrêmes qu'offre la prostitution où l'on se masturbe avec le corps, en l'utilisant pour redonner souffle à ses propres fantômes, sans avoir à le rencontrer. Les anciens Chinois n'ignoraient pas les dangers de ces sexualités libertines qui, fonctionnant comme des vidanges, n'ont rien de thérapeutique et dont les excès peuvent au contraire provoquer des maladies.

Parmi toutes les cultures, l'ancienne Chine est l'une de celles qui a produit une théorie de l'amour charnel des plus élaborées. Le travail entrepris au château de Charbonnières a donc bouleversé ce que nous pensions savoir de la sexualité, en nous mettant le doigt sur l'énorme travail qui reste à faire dans notre société où, comme le dénonce la nouvelle génération d'adolescents, le mouvement de libération sexuelle qui a succédé aux événements de mai 1968 n'a rien libéré d'autre que la pornographie.

La première chose qui nous est apparue est que, si nous voulions parler de sexualité, nous devions commencer par nous constituer un vocabulaire nouveau, qui ne soit ni celui, ordurier, hérité des maisons closes, ni celui, faussement scientifique, que la médecine a réimplanté dans notre culture à la fin du dix-neuvième siècle. Nous nous sommes attelés à cette tâche, d'une part dans les couples, et de l'autre, en constituant de petits groupes de parole sur la sexualité, formés exclusivement d'hommes ou de femmes, qui ont été à ce point enrichissants que certains se poursuivent encore.

La seconde découverte a été de constater qu'il existe autant de sexualités que d'individus. Que le désir sexuel soit, d'une personne à l'autre, aussi différent que les visages et les cerveaux n'aurait pas dû nous étonner. Dans sa texture cellulaire, le cerveau se transforme et évolue tout au long de la vie. Chaque cerveau est différent de tous les autres, et comme la sexualité en dépend, il en va de même pour elle.

L'amour : le premier de tous les remèdes

Considérer, comme le *Su Nü King*, que l'activité sexuelle peut repousser toutes les maladies mérite qu'on s'y arrête. Car si la psychanalyse le met quotidiennement en évidence, elle ne dispose pas d'une théorie capable de l'expliquer. En revanche, fondé sur une connaissance très approfondie des énergies du corps, le taoïsme le permet.

Dans le taoïsme, la sexualité est conçue comme une compénétration des *corps de souffle* ou de *Qi*, semblable à celle décrite précédemment à propos de l'image inconsciente du corps. Le mot « corps » désignant alors un ensemble de même nature, « souffle », « *Qi* » et « énergie » peuvent être considérés comme des termes équivalents. Le *corps de souffle* est celui que Dieu a transmis à Adam. Il est fait d'une énergie qui est celle des mots, des désirs et des pulsions sexuelles. De même nature, le *corps de Qi*, qui est celui avec lequel on fait l'amour, est constitué de l'énergie qui circule dans les méridiens d'acupuncture. Quant à l'image inconsciente du corps, elle correspond à la façon dont on perçoit ce qui anime ce *corps d'énergie*, dans la clinique psychanalytique de l'enfant.

Les Chinois distinguent le *Qi*, le souffle ou l'énergie, de la « viande » qui nous constitue. Mais comme, chez les êtres vivants, l'énergie et la chair ne sont pas dissociables, ils considèrent que la mobilité du monde et des êtres est due à l'imbrication de deux forces opposées et complémentaires, le Yin et le Yang, qui ne peuvent exister l'une sans l'autre. Le corps de *Qi* est celui où ces deux forces s'articulent. Il est constitué de réseaux de circulation extrêmement complexes auxquels on accède par les points d'acupuncture, lesquels permettent de rétablir une circulation équilibrée et harmonisée du *Qi* dans les douze grands méridiens. Les méridiens sont répartis symétriquement de chaque côté du corps. Six assurent la circulation du Yang, les six autres celle du Yin. Le souffle circule de haut en bas dans les méridiens Yang, et de bas en haut dans les méridiens Yin.

Constitué de l'ensemble des énergies ou des souffles à l'œuvre dans notre vie, le *corps d'énergie* permet au *corps spirituel* d'investir le *corps physique* et d'assurer son entretien. Le *Qi* est facilement perceptible, même si cela demande un peu d'entraînement pour certains. Il suffit d'approcher tout doucement une main ouverte d'une autre personne pour le détecter. On s'aperçoit alors que la main le situe à quelques centimètres de la peau.

Bien qu'il soit imperceptible à l'œil nu, le corps de *Qi* ne colle pas au corps physique et est plus grand que lui. Dans un bain de soleil, le plaisir que l'on prend est dû au gonflement de ce corps que la chaleur amplifie. Cette expansion qui le rend soudainement plus perceptible est aussi ce qui se passe dans la sexualité. Pour « cueillir le remède, disent les textes taoïstes, il faut commencer par ajuster les souffles ». De cet ajustement que nous appelons « les préliminaires » dépend la circulation du *Qi*. Celle-ci se percevant alors dans le plaisir sexuel, pour dire qu'ils font l'amour, les Chinois disent qu'ils font « Yin Yang ».

Le *Qi* est ce qui donne à l'image inconsciente du corps l'élasticité qu'elle acquiert dans l'érotisme. C'est aussi lui qui fait, comme le disent les taoïstes, que l'activité sexuelle éclaircit le regard et affine la perception auditive. Tout le registre perceptif dépendant du *Qi*, la compénétration des corps de *Qi* amplifie l'énergie avec laquelle les images du corps se rencontrent, en faisant de l'amour un espace de clarté, de lumière ou d'émerveillement.

Nous avons vu que l'élasticité de l'image du corps peut, dans certains cas extrêmes, se rompre, en se séparant du corps physique, comme cela se constate dans la folie et le coma. Il se produit alors ce qu'on appelle une « sortie du corps » ou une OBE (*out of body experience*). De ce côté de l'Atlantique, les psychanalystes ne se sont guère intéressés à ce phénomène. En revanche, les chercheurs américains, qui définissent l'OBE comme le fait de se percevoir à l'extérieur de son corps, en ayant la possibilité de le visualiser, ont découvert qu'il s'agissait d'un phénomène assez fréquent. Leurs études ont montré qu'une personne sur quatre en avait fait l'expérience, soit dans la petite enfance, soit au cours d'une chute en montagne, d'un viol ou d'un carambolage, soit encore au cours d'une méditation profonde. Compte tenu du nombre impressionnant de gens qui en témoignent, il s'agit donc d'un phénomène qui, bien qu'inexplicable en l'état actuel des connaissances scientifiques, est à prendre en considération parmi les facultés du psychisme humain.

Les taoïstes ne l'ignorent pas. C'est d'ailleurs pour avoir constaté que le corps de *Qi* n'était pas totalement assujetti au corps physique et pouvait s'en détacher qu'ils l'ont considéré comme une entité propre ou un corps à part entière. Dans les exercices de souffle et de méditation qui constituent leur alchimie sexuelle, ils cherchent à acquérir la maîtrise de cette séparation. Maîtriser cette sortie du corps leur donne une preuve de l'immortalité de l'esprit, et lorsqu'ils ont acquis la faculté de quitter leur corps et d'y revenir à volonté, cela leur permet d'explorer ce que les chamans appellent l'Autre réalité : celle dans laquelle ils évoluent au cours de leurs transes ou de leurs voyages.

Dans l'amour, le corps de *Qi* se dilate et acquiert une mobilité telle que l'activité érotique s'apparente à une sortie du corps. Mais même lorsqu'on a eu l'impression d'atteindre le septième ciel, ce n'en est pas vraiment une. Dans l'activité sexuelle, l'expansion du corps de *Qi* ne dépasse pas les frontières du corps de l'autre. Les corps de souffle s'entremêlent et, additionnant leur puissance, ils cherchent à reconstituer la dyade originaire dans laquelle l'enfant s'est construit.

Nous avons vu que, dans l'enfance, l'activité mentale originaire permet de s'autoconstruire dans la relation aux parents. À l'âge adulte, il en va de même dans les relations amoureuses : lorsqu'on aime quelqu'un, c'est son propre avenir qu'on investit en lui. L'amour est ainsi, à tout âge, l'énergie avec laquelle on construit son futur. Chez l'enfant, l'amour qu'il porte à ses parents est le principal moteur de son évolution. Tous les thérapeutes le constatent : si pour une raison ou une autre, il n'arrive plus à les aimer, l'enfant l'exprime à travers toutes sortes de symptômes qui mettent sa vie ou son évolution en danger. De même chez l'adulte : abandonné par l'homme ou la femme qu'il aime, celui-ci peut perdre goût à la vie. L'amour ne sert donc pas qu'à reproduire l'espèce. Il sert aussi à s'autoconstruire dans la relation à l'autre : de la même façon que la mère est pour le petit enfant un espace mental au sein duquel il se construit, l'amour est pour l'adulte un espace d'autoconstruction, dans lequel la mère est remplacée par celui ou celle qu'on aime.

Il est donc absurde de penser que l'amour puisse être tout beau et tout gentil. Dans la mesure où aimer quelqu'un consiste à investir son propre futur en lui, l'amour est, à sa base, profondément égoïste. À ne pas savoir reconnaître cette dimension égoïste de l'amour, les amants se persécutent. Or bien que la psychanalyse ait infiltré tous les savoirs sur le sexe, la famille et le couple, comme sa théorie ne prend en compte que la vie pulsionnelle sans l'articuler aux relations d'appartenance et à l'originaire, elle n'aide guère les couples à comprendre les drames que suscite leur relation amoureuse. De plus, les analystes qui savent prendre en compte l'image inconsciente du corps dans la relation thérapeutique sont encore peu nombreux. Ainsi, après des années d'analyse, les femmes continuent inlassablement à se plaindre de ne jamais parvenir à être à elles-mêmes, d'avoir l'impression d'être transparentes ou de se sentir envahies par tous ceux qu'elles aiment, enfants, mari ou amant. Autant de plaintes qui indiquent qu'elles ont le plus grand mal à maîtriser les frontières de leur image du corps. Les hommes ne sont guère mieux lotis. Car si cette invisible image de soi-même est ce dont ils parlent quand disent qu'ils « s'éclatent », « niquent » ou ont « tiré un coup », la théorie de la castration, les fixant sur la fragilité de leur sexe, fait qu'ils n'arrivent pas à percevoir la sexualité comme un espace de communication réciproque et ne savent répondre aux plaintes de celle qu'ils aiment que par la colère ou l'inhibition sexuelle.

En réalité, ce n'est pas le pulsionnel, mais le fait que l'amour serve à s'autoproduire dans la relation à l'autre, qui fonde sa principale difficulté. Quand on divorce ou se sépare, c'est que l'un des deux n'arrive plus à investir son futur dans cette relation. Inversement, si on tient à la personne avec qui l'on vit, c'est que sa rencontre a à ce point changé sa vie qu'on ne peut imaginer de la poursuivre sans elle.

Que l'amour soit un espace d'autoproduction est aussi l'une des raisons faisant que les taoïstes attribuent à l'activité sexuelle la faculté de repousser les maladies. Ils mettent toutefois l'individu en garde contre ces êtres excessivement beaux et séduisants qui, semblables aux « démons renards », ne cherchent qu'à vous vider de votre énergie, en se gardant bien d'y investir la leur. En d'autres termes, ils considèrent que la sexualité ne repousse la maladie qu'à condition d'être un espace d'évolution et d'autoproduction pour les deux partenaires, et qu'elle n'est donc un « remède » que si tous deux s'y investissent vraiment.

L'être humain a la possibilité de choisir la partie de lui-même qu'il investit dans une action. Il peut se cliver par le haut ou par le bas, en s'enfermant dans sa tête ou en n'étant que dans son sexe. Par le haut, dans la pensée, il peut exclure son cœur, le séparer de son esprit pour s'enfermer dans la raison pure. Par le bas, il peut également séparer ses sentiments de son sexe, ce qui permet d'en jouir sans prendre le risque de la dépendance et des contraintes qu'implique une relation d'appartenance. En revanche, l'amour peut exister sans impliquer le sexe. Une relation chaste peut avoir la même intensité qu'une relation sexuée. Dans ce cas, l'amour ne perd pas sa valeur thérapeutique, car c'est l'amour et non le sexe qui, dans la construction et l'évolution de l'être humain, est l'énergie de liaison qui nous attache les uns aux autres dans le besoin, la dépendance et le désir de communiquer.

Voilà ce qu'a compris Freud en théorisant le *transfert*. Ce terme désigne les affects et les sentiments qui étaient à l'origine destinés aux parents et que l'analysant reporte sur son analyste. Le transfert n'est donc rien d'autre que de l'énergie d'amour qui, n'ayant pas pu atteindre son but, continue obstinément à en chercher un. Il est toutefois indissociable de ce qu'on appelle le contre-transfert : la manière dont le thérapeute réagit à cet amour que lui adresse son client. Afin de ne pas laisser apparaître celui-ci de façon inopportune, la plupart des analystes essaient d'être le plus impersonnels possible. D'autres pensent, comme Françoise Dolto, qu'il faut considérer le transfert comme une relation réciproque, en grande part inconsciente, qui s'établit entre l'image inconsciente du corps de l'analysant et celle de l'analyste. L'analyste doit alors savoir travailler avec sa propre image du corps. C'est pourquoi Françoise Dolto distinguait l'amour charnel de l'aimance, qui désignait pour elle la dimension positive du contre-transfert. Étant femme, elle a créé ce terme pour distinguer en quoi l'accueil d'un client et celui d'un homme charnellement aimé mettent tous deux en jeu son image inconsciente du corps, mais le font différemment. Dans la relation analytique, les images du corps établissent, comme avec les parents, une communication platonique, alors qu'avec un être aimé, elles s'investissent sexuellement.

Quelle que soit la relation thérapeutique, la guérison est toujours le produit d'une mise en commun de deux énergies : celle que le client investit, en décidant de consulter, et celle du thérapeute qui le prend en charge. Qu'on en soit conscient ou qu'on l'ignore, les énergies à l'œuvre dans une relation thérapeutique et une relation amoureuse sont de même nature. C'est ce qu'a compris la psychanalyse, en faisant du transfert le moteur de sa cure. C'est aussi la raison pour laquelle les taoïstes voient dans l'activité sexuelle la première clef de la santé. Et si, comme cela continue à se faire dans la psychiatrie tibétaine[1], ils la prescrivent, comme d'autres donnent des médicaments, c'est parce qu'ils disposent d'une connaissance du corps énergétique qui n'a guère d'équivalent dans les autres cultures.

1. Voir à ce sujet Terry Clifford, *La Médecine tibétaine bouddhique et sa psychiatrie*, Dervy, 1986.

La construction fœtale de la sexualité et la « petite révolution céleste »

Nous venons de voir qu'en acupuncture, les aiguilles agissent sur un réseau de points répartis sur douze grands méridiens, dans lesquels circule le *Qi*, l'énergie ou le souffle. Ce réseau ne constitue toutefois qu'une partie de la structure du corps de *Qi*. Il faut y adjoindre les branchements annexes des grands méridiens, ainsi qu'un autre réseau de circulation dont la fonction est de réguler l'ensemble : le système des huit *méridiens extraordinaires* qui, bien que très précisément décrit dans les livres de médecine, est assez peu utilisé. En revanche, les alchimistes s'en servent beaucoup. Ils le présentent comme un système énergétique de circulation des souffles particulièrement actif pendant la gestation et l'époque fœtale, qui s'encrasse et s'immobilise peu à peu par la suite. À l'âge adulte, sa principale fonction est d'absorber tout ce qui, dans l'évolution de la personne, doit être refoulé ou occulté. On s'en sert peu en médecine, car sans un travail personnel, les aiguilles n'y ont pas vraiment accès. Ce travail est, dans notre monde, celui qu'on effectue dans une psychanalyse. Dans la Chine ancienne, c'était celui de l'alchimie.

Le principal objectif de l'alchimie sexuelle taoïste est de désencombrer et de purifier ces vaisseaux. Afin de redonner au souffle sa fluidité originelle, on le fait circuler dans le sens inverse de celui que prennent habituellement les énergies, au sein d'un circuit en anneau appelé la *petite révo-*

lution céleste. Cet anneau est formé de deux méridiens extraordinaires : le *vaisseau gouverneur*, qui passe au centre du dos, sur la colonne vertébrale, et le *vaisseau conception*, qui circule au milieu du thorax et de l'abdomen. Tous deux se rejoignent, en haut, à la limite des incisives supérieures et du palais, en bas, sur un point situé entre le sexe et l'anus. Mais alors qu'en médecine chinoise, on considère que l'énergie monte dans les méridiens Yin et descend dans les méridiens Yang, ce qui est le sens qu'elle prend dans la construction de l'enfant et le vieillissement, dans l'alchimie, on la fait circuler en sens inverse, comme dans certaines formes de *Qi Quong*[1], en la faisant descendre dans le Yin et remonter dans le Yang.

Dans sa traduction d'un traité d'alchimie, le *Zhao Bichen*[2], Catherine Despeux assimile cette circulation en anneau à une remontée du temps. Bien que l'alchimie sexuelle taoïste soit, dans ses conceptions et ses pratiques, à mille lieues de la psychanalyse, dans la mesure où on y effectue une remontée du temps pour nettoyer et dissoudre ce qui encombre la vie, la visée alchimiste est, dans son essence, assez proche de celle de l'analyse. Or si elle peut effectuer un travail du même ordre par la maîtrise de la circulation du *Qi*, c'est parce que ce circuit en anneau est, pour tout un chacun, celui que prend l'énergie dans la

1. Le *Qi Quong* fait partie de la « gymnastique des souffles » qui est celle de la Chine traditionnelle. D'où la menace, qui a conduit le pouvoir communiste chinois à diaboliser l'association Falun Gong, créée en 1992 par Li Hongzhi, qui regroupe la moitié des bouddhistes chinois et ne propose rien d'autre que de pratiquer une gymnastique de la sorte dans la rue.

2. Catherine Despeux, *Zhao Bichen, Traité d'alchimie et de physiologie taoïste*, Les deux Océans, 1979.

sexualité. Présentant les trajets des deux méridiens extraordinaires qui constituent l'anneau de la *petite révolution céleste*, le *So Wen* précise que, bien qu'ils se rejoignent, en bas, sur le point se situant entre le sexe et l'anus, ils se recoupent sur la partie inférieure du ventre. Ils se chevauchent donc sur une longueur qui est précisément celle de l'activité sexuelle. Ils fonctionnent ainsi comme une pompe qui, mue par l'activité sexuelle, fait tourner les énergies sexuelles dans le sens où le fait l'alchimie, c'est-à-dire dans une remontée du temps que le taoïsme appelle le *voyage de retour*.

La petite révolution céleste n'est pas le seul circuit énergétique utilisé dans l'alchimie sexuelle taoïste. Lorsque les taoïstes la maîtrisent, ils passent à la *grande révolution céleste*. Il s'agit là aussi d'une circulation en anneau, mais d'un anneau formé par le corps et le reste de l'univers qui traverse l'individu de la tête aux pieds. Celui-ci passe, en haut, à la « porte du ciel », le point le plus haut du crâne, et en bas, au seul point existant sous la plante du pied, le premier point ou le « point source » du méridien des reins. La *grande révolution céleste* met l'individu en relation avec les énergies extérieures qui sont celles, telluriques et cosmiques, à l'œuvre dans le monde et l'univers. La petite lui permet de revitaliser son corps, en mobilisant les énergies originelles qui sont celles de la sexualité. L'adepte apprend ainsi à tenir solidement en main les rênes de sa puissance créatrice, non seulement dans sa vie sexuelle, mais aussi dans son Tao : la voie qui lui est propre.

Étant donné que les points de jonction des deux vaisseaux qui forment l'attache corporelle de la petite révolution céleste se situent, en haut, à l'arrière des incisives, qui est l'endroit où se plaque, chez le bébé, le téton maternel, et, en bas, entre le sexe et l'anus, qui est celui où la toilette donne vie à la sexualité de l'enfant, on serait tenté de mettre en relation cette circulation énergétique avec les stades oral et anal de la théorie freudienne. Il est difficile d'associer une conception de la vie, comme le taoïsme, dont la solidité vient de la succession des siècles au cours desquels elle s'est élaborée, à une théorie récente qui est encore en pleine recherche. La théorie freudienne a été élaborée dans un monde où, tout en orchestrant savamment sa répression, on voulait à tout prix croire que la sexualité infantile n'existait pas. On était donc loin de notre époque où le fœtus est devenu une personne à part entière[1]. Et si, dans sa théorie des stades, Freud a pris en compte une certaine dimension de la sexualité du bébé, il n'a pas traité de la place qu'y occupe le premier d'entre eux : le stade fœtal.

Les taoïstes considèrent, eux, non seulement que la sexualité entreprend sa construction dès cette époque, mais qu'à l'âge adulte, les énergies fœtales de la petite révolution céleste continuent d'y jouer un rôle important. Bien que cette circulation ne soit pas perceptible sans un certain travail, c'est en effet celle qui s'installe naturellement chaque fois que l'on fait l'amour. La *petite révolution céleste* et le *voyage de retour* sont ainsi des phénomènes qui, inconscients chez la plupart des gens, n'en sont pas moins naturels. Mais les souffles de la petite révolution céleste étant caractérisés comme embryonnaires, s'il est possible de les associer aux pulsions orales et urétrales, on ne peut pas les assimiler aux pulsions anales. On l'a vu à propos des images de communication archaïque : les pulsions orales et uré-

1. Voir Nina Canault, *Comment le désir de naître vient au fœtus*, Desclée de Brouwer, 2001.

trales se construisent dès le stade fœtal, alors que les pulsions anales n'apparaissent qu'après la naissance, lorsque l'anus entre en fonction. La sexualité fœtale n'est donc pas anale. Elle est orale et urétrale, comme nous allons le voir après nous être arrêtés sur cette remontée du temps que les taoïstes appellent le voyage de retour.

Dans la philosophie chinoise, le sage est celui qui peut effectuer à tout moment son voyage de retour, en parcourant à volonté toute l'antériorité de sa vie jusqu'au stade fœtal, comme l'a fait le plus illustre d'entre eux, le « Vieux Fœtus » : Lao-Tseu. On associe ainsi le voyage de retour à la sagesse, car il a pour effet de repousser la peur de la mort. Cette peur, disent les taoïstes, vient de ce que l'individu naît à un endroit et meurt à un autre. En permettant au sage de mourir là où il est né, le voyage de retour la dissout. Connaissant tout du chemin par lequel il s'est incarné, le sage connaît celui de la Grande Lumière qui est celle de l'avant-vie et de l'après-vie.

Dans la sexualité, le voyage de retour est ce qui permet de retrouver la fraîcheur de l'enfant, la finesse sensitive du bébé et l'odyssée psychédélique des sensations fœtales. Telle est l'aventure à laquelle Éros convie les amants : lorsqu'on tombe amoureux, les émois que cela engendre proviennent de la période œdipienne. On retrouve alors des affects et des émotions qui, s'étant structurés à cet âge, sont le produit d'une mémoire qui date de cette époque. Lorsqu'on se touche et se caresse, cette mémoire est amplifiée par celle qui s'est constituée, antérieurement, dans les bras d'une mère, du temps où on était un bébé. Arrive ensuite le plaisir orgastique dans lequel la mémoire des énergies fœtales entre en scène. Ces énergies se perçoivent à travers les sensations fusionnelles, mais aussi dans l'impression que l'amour se déploie au sein d'une sorte de hors-temps, dans lequel les corps semblent avoir perdu leur poids, comme s'ils s'étaient partiellement soustraits à la gravité terrestre.

Au cours de notre histoire, seul le fœtus a connu cet état d'apesanteur et d'atemporalité qui est celui, aquatique, du ventre maternel. Cette apesanteur est semblable à celle dans laquelle on plonge les cosmonautes lorsque, pour les y habituer, on les fait travailler dans l'eau. Or si on observe un fœtus à l'échographie, vers trois mois, quand il dispose encore de place et ne mesure qu'une dizaine de centimètres, on le voit, suspendu par le cordon ombilical, qui évolue au sein de la matrice, tel un petit cosmonaute. On s'aperçoit alors qu'il suce déjà son pouce, avale des grandes lampées de liquide amniotique et urine dans la matrice. Lorsqu'il s'agit d'un garçon, il le fait en bandant, ce qui indique que la sexualité est, dès ce stade, en construction. Ses membres ne sont pas encore très fonctionnels, et comme, dans l'état d'apesanteur de la matrice, le moindre jet d'urine est un petit réacteur, c'est surtout son sexe qui, en urinant, le propulse.

Voilà ce que l'on peut percevoir à l'échographie de la vie pulsionnelle du fœtus. Les poumons et l'anus n'étant pas encore fonctionnels, celle-ci n'implique que la bouche et l'urètre. Essayons maintenant d'imaginer ce qu'il ressent. Flottant comme un poisson, il est suspendu dans le liquide qui lui sert d'atmosphère. Par les orifices qui servent, chez nous, au passage de l'air, il absorbe du liquide qu'il expulse par les voies urinaires. Pour se représenter ce qu'il ressent, en tenant compte de cette différence, il nous faut donc nous imaginer capables de pisser de l'air. Ce qui évoque assez bien la nature du plaisir que procure la sexualité.

La sexualité humaine commence en effet à se construire

dans le plaisir d'avaler par la bouche et d'expulser par le sexe. Au stade fœtal, cette circulation liquidienne mobilise la petite révolution céleste, en construisant l'une des premières caractéristiques de la sexualité humaine : la résonance érotique de la bouche et de l'entrejambe.

Que le baiser se répercute à l'entrejambe explique qu'en français, on utilise le même mot pour parler de l'union des bouches et des sexes. On associe ainsi dans la même représentation deux orifices qui, à l'œuvre dans la sexualité, l'ont tout d'abord été dans sa construction fœtale. En s'embrassant sur la bouche, les amants mobilisent la résonance embryonnaire de la bouche et du sexe, ce qui met en mouvement la petite révolution céleste et amorce le voyage de retour. Sous l'action de la compénétration des images inconscientes du corps qui tendent alors à ne faire qu'une, ils se soudent par la bouche et le sexe pour ne former de leurs corps qu'un seul anneau énergétique, une seule et commune petite révolution céleste, qui est le véhicule du voyage érotique.

La symphonie des orifices

Dans le plaisir sexuel, toutes les ouvertures du corps retrouvent leur épanouissement originel. La jouissance implique ces « portes » que sont la bouche et la vulve, mais aussi ces « fenêtres » que sont les yeux, les oreilles et les narines. L'écarquillement des yeux qui idéalisent la personne aimée, la plénitude des oreilles qui se gargarisent de ses paroles, le frémissement des narines qui s'activent à son parfum, l'érectilité des seins qui avancent à sa rencontre, la volupté des lèvres qui cherchent à se souder ou les contractions de l'anus qui renforcent la tonicité du clitoris et de la verge sont autant d'activités concourant à la mobilité de l'entrejambe. Sous l'effet des images de communication archaïque, les orifices retrouvent alors la qualité d'ouverture qu'ils avaient à l'orée de la vie.

À un mois et demi, quand l'enfant a acquis la capacité de distinguer les visages, les yeux deviennent comme des bouches qui absorbent la nouveauté du monde. Lorsqu'ils nous fixent de toute leur profondeur, comme de tranquilles sentinelles, on se sent aussi nu sous les yeux du bébé que dans ceux de celui ou de celle qu'on aime. On perçoit ainsi la puissance qu'a l'activité mentale originaire à cet âge.

À l'affût d'un regard, de sa brillance ou de sa profondeur, dans la séduction érotique, les yeux retrouvent ce rôle de sentinelle. Associés aux oreilles, aux narines et à la bouche, ce sont les postes-frontières de l'érotisme. Ils appréhendent la souplesse d'une taille, le galbe d'une rondeur, la largeur des épaules, le timbre d'une voix ou la qualité d'une odeur trouvant écho dans ses jardins secrets. Le désir masculin déploie alors un jeu qui magnifie la mobilité de toutes les ouvertures du corps. Il s'extasie sur la profondeur des yeux ou la vitalité des cils qui la soulignent. Il s'attarde sur l'étrange forme des oreilles, en contemplant la délicatesse de leurs pliures qui, rappelant celles de la vulve, marquent l'efflorescence d'une ouverture aux profondeurs inouïes.

L'oreille est féminine. Elle recueille les mots tendres. L'amant cherche ainsi à la pénétrer en lui confiant le plus secret de lui-même. Censées pouvoir contenir tous les rêves de celui qui s'y engouffre, les oreilles sont investies, dans la joute amoureuse, d'une capacité de contenance qui évoque celle de l'utérus. La bouche, elle, est phallique. C'est le ministre des relations extérieures. Elle interpelle. Elle enrobe de douces paroles. Elle attache avec des mots tendres. Lieu de toutes les promesses et porte de tous les futurs, elle attend le moment où, les mots devenant vains, elle dévoilera dans un baiser l'invisible vitalité des paysages souterrains de la communication charnelle.

L'érotisme implique toutes les ouvertures du corps et se différencie de la pornographie par la place qu'y occupe le verbe. Dans l'érotisme, le désir est chargé du poids des paroles, des pensées et des rêves qui ont structuré la construction sexuelle de l'enfant. Il est porté par la force des mots avec lesquels celui-ci a imaginé la sexualité adulte. Ainsi nourri par la puissance du verbe qui a structuré les enveloppes mentales de l'enfant, l'érotisme installe les individus dans leur identité de sujet. Alors que, dans la pornographie, le sujet disparaît dans un univers fantasmatique qui présente le corps par morceaux, en exposant les organes sexuels comme des objets qui peuvent s'en détacher ou n'en font qu'à moitié partie. Les fantasmes expriment ainsi que l'enfant n'a pu comprendre la sexualité que par morceaux. L'absence d'informations sexuelles dans laquelle on l'a élevé fait que les images de communication archaïque sont restées déconnectées les unes des autres. Et n'ayant eu pour se construire que des demi-mots, les fantasmes perpétuent la façon dont l'éducation a séparé les organes sexuels du langage, en montrant le corps comme morcelé.

Réduisant ainsi l'individu à son statut de mammifère, la pornographie élimine la dimension proprement humaine du plaisir sexuel : que sa profondeur ne provienne pas tant de la rencontre des corps que de celle des esprits. Délicieuse ou décevante, la communication érotique est, en effet, assujettie aux mêmes règles que les échanges verbaux. Mais si la qualité du plaisir sexuel dépend de l'intensité des échanges psychiques, la communication charnelle cherche aussi à exprimer ce que l'on n'arrive pas à dire autrement, comme l'intensité des sentiments, le besoin d'être aimé ou de se sentir exister dans une relation d'appartenance, en affrontant, à deux, le mystère de la vie et du trépas.

Dans l'esprit humain, le sexe et la mort sont indissociables. La pornographie le dénie. L'érotisme, en revanche, investit l'amour sur le mode où la Bible le présente comme la porte de cette Autre réalité dans laquelle seul existe l'esprit. C'est aussi ce dont rend compte le langage, en faisant de l'orgasme une « petite mort ». On le perçoit alors comme un plaisir qui évoque la douceur mortelle du retour à un état antérieur, une fusion qui, annihilant l'identité propre, précipite les amants dans la délicieuse sensation que le poids du corps disparaît au profit de la seule énergie qui l'anime, ou que la jouissance plonge dans les abîmes les plus profonds de l'esprit afin de transgresser les frontières de la mort. Cette danse des énergies provient, on l'a vu, de l'élasticité des images inconscientes du corps qui, se compénétrant, actionnent la petite révolution céleste et remettent en scène la mémoire fœtale. Comparable à du verbe sans parole, la jouissance orgastique rejoue ainsi des partitions vibratoires qui, provenant des états les plus antérieurs de l'être, en fêtent l'origine. La « petite mort » est, en ce sens, la version occidentale de ce que les taoïstes appellent le voyage de retour.

Ce retour aux origines est un ressourcement d'une nature semblable à celui du sommeil. Comme lui, l'orgasme nous plonge dans une atemporalité qui est celle de l'activité mentale originaire. Celle-ci confondant les espaces corporels et psychiques, l'atemporalité orgastique fait voler en éclats les notions d'intérieur et d'extérieur. Ce qui permet à la jouissance de retrouver la continuité fœtale de la peau et des muqueuses.

À l'âge adulte, cette continuité est rompue par les sphincters qui, fonctionnant comme des verrous, nous protègent des intrusions extérieures. Chez le fœtus, les sphincters n'ont pas encore cette fonction qui ne s'acquiert qu'après la naissance lorsque le moi s'est différencié du non-moi. À ce stade, la peau et les muqueuses sont dans une continuité érogène qui ne différencie pas l'intérieur de l'extérieur. On peut observer cette continuité chez l'enfant qui vient de naître, lorsque, à la suite d'une naissance difficile ou d'une césarienne, il faut le « désencombrer », c'est-à-dire vérifier que ses voies respiratoires ne sont pas obstruées par des mucosités ou qu'il n'a pas de malformations digestives. On lui enfile alors une sonde dans les narines ou la bouche, jusque dans l'estomac. Si pendant ce temps, on s'adresse au bébé en lui parlant, il vous décoche un grand sourire. L'enfant réceptionne la sonde aussi simplement qu'une caresse, car la peau et les muqueuses ne se sont pas encore séparées comme des territoires distincts et clôturés pas ces verrous que sont les sphincters à l'âge adulte.

La sexualité consistant à les déverrouiller, la jouissance orgastique retrouve, sous l'effet de l'activité mentale originaire, une continuité de la peau et des muqueuses qui, semblable à celle de la matrice, annihile partiellement les notions d'intérieur et d'extérieur et favorise l'union des corps de souffle. À la recherche de résonances communes, l'énergie sexuelle fait alors vibrer les corps comme des instruments de musique. La résonance des désirs propulse les souffles sensoriels dans la peau et les muqueuses, en ayant sur le corps le même effet que des mains pressant le sac d'une cornemuse, à ceci près que le corps est un instrument aux capacités vibratoires beaucoup plus sophistiquées. La peau est un sac semblable à celui qui propulse le souffle dans l'instrument de musique, mais l'intérieur de ce sac est formé d'un complexe cloisonnement de membranes. Ce sont les fascias, qui, enveloppant chacun de nos organes, forment autant de poches vibratoires. Juxtaposées les unes aux autres, ces poches constituent le jeu d'orgues à travers lequel se propulsent les souffles sexuels. Dans la cornemuse, le souffle produit des notes en sortant par une série d'embouts. Dans le corps humain, les souffles sexuels aboutissent aux ouvertures sensorielles, et ce sont alors les orifices qui, en interprétant et en modulant les vibrations érotiques, produisent cette « musique du corps » qu'est la jouissance.

Chez la femme, la jouissance se propulse bien au-delà du sexe. L'énergie masculine de la verge est amplifiée par l'utérus qui la répercute dans tout le reste du corps : en heurtant le col de l'utérus, la tête du pénis fait résonner cet organe et augmente d'autant la « musique sensorielle » qui se transmet par les fascias. Les souffles sensoriels se diffusent ainsi dans tous les organes pour aboutir à la peau, où ils se réaccordent dans les caresses qui les modulent ou les amplifient. Les femmes disent alors qu'elles ont joui « dans toutes les cellules de leur corps » ou qu'elles « ont vu toutes les planètes ». Les hommes disent, eux, qu'ils se sont « envoyés en l'air » ou se sont « éclatés ». L'image qu'ils donnent alors de leur corps est celle d'une outre qu'on a gonflée jusqu'aux limites de sa contenance pour la faire exploser dans l'éjaculation. Chez l'homme, en effet, les mécanismes de la jouissance sexuelle ne diffèrent que dans la mesure où ils aboutissent à l'éjaculation. C'est le décalottage du gland qui, mettant les muqueuses à nu, établit un contact d'intérieur à intérieur permettant d'associer l'envers de sa peau aux muqueuses de celle qui l'accueille. Ce qui mobilise de la même façon ses enveloppes internes en faisant résonner la jouissance sur toutes les surfaces intérieures et externes de sa peau.

Verbe musical, strophe d'énergie, frisson fantasmatique ou soubresauts corporels, la jouissance orgastique transforme les corps en instruments vibratoires, d'une extrême finesse, qui ne jouent leurs mélodies sensitives qu'en s'unissant à un autre instrument. Embouts les plus précieux, la verge et le vagin permettent cette union et assurent la circulation des souffles d'un instrument à l'autre. Les bouches qui s'assemblent font de même. Les orifices de la face modulent les vibrations qu'ils interprètent et réfléchissent. Recueillant les paroles tendres ou grivoises, les oreilles assourdissent les bruits qu'elles répercutent à l'interne, comme si elles voulaient leur donner une tonalité semblable à celle de la matrice. Les narines retrouvent, elles, le rôle qu'elles avaient à la naissance. Le nez fourrageant la peau sur le mode qui a guidé le nourrisson vers le sein, elles s'emplissent de l'odeur de l'être aimé, comme pour retrouver la façon dont l'enfant a constitué son sentiment d'exister en s'enracinant dans l'odeur de sa mère.

Les yeux sont les embouts les plus sophistiqués de cet instrument vibratoire. Ouverts, ce sont des caméras qui contemplent la personne aimée, la cadrent sous ses aspects les plus séduisants ou l'éclairent de cette lumière particulière qui est celle de l'amour. Fermés, ce sont des postes de télévision qui transforment en images les résonances dans lesquelles s'accorde l'orchestre que forment les orifices. Sur le mode où le font les rêves, ils traduisent les musiques du corps dans leurs propres gammes fantasmatiques. Éclairant ainsi les paysages secrets des jardins intérieurs, les images retrouvent la fonction de pictogrammes qu'elles avaient à l'orée de la vie. Semblables aux cailloux du Petit Poucet, elles balisent le chemin de ce voyage de retour sur sa propre origine qu'est la jouissance orgastique, et c'est ainsi que le mystère originel rejoue, dans les bras des amants, la symphonie des souffles de l'orgasme.

En conséquence

J'espère avoir fait comprendre que le télescopage entre l'absence de paroles sur la sexualité qui continue à être la règle dans les familles et l'évolution sans précédent à laquelle notre société est actuellement confrontée est d'autant plus inquiétant que les troubles engendrés par cette solide tradition sociale restent invisibles durant toute l'enfance pour ne se manifester qu'à l'adolescence, d'une façon qui est alors aussi inattendue que dramatique. La santé sexuelle d'un peuple se mesurant à celle de sa jeunesse, il apparaît urgent de reconnaître que, sous sa forme classique, la psychanalyse s'est révélée inapte à aider les parents sur cette question. Elle ne dispose d'aucun protocole d'écoute qui, les impliquant tous deux, puisse les aider à assumer eux-mêmes l'éducation sexuelle de leurs enfants. Et ne considérant pas la répétition dans sa dimension transgénérationnelle, elle ne leur permet guère de résoudre les inhibitions et autres blocages sexuels que crée le fait de devenir parent. J'en ai expliqué les principales raisons, la première étant que la psychanalyse ne s'est pas constituée à partir de l'écoute des enfants et de leurs parents, mais à partir de celle d'adultes névrosés. À cela, il faut ajouter que

Melanie Klein a posé les jalons de la psychanalyse d'enfants, en leur imposant six séances par semaine et en excluant totalement les parents de leur cure.

Aujourd'hui, avec la reconnaissance dont bénéficient l'œuvre de Françoise Dolto et la psychanalyse transgénérationnelle, on peut espérer que les choses vont peu à peu changer. Telles sont en effet les deux élaborations qui le rendent possible : dans le domaine sexuel, les travaux de Françoise Dolto sur la psyché du nourrisson permettent de commencer à comprendre les mécanismes de la jouissance. Et dans l'écoute des parents, il est illusoire de croire qu'on puisse les aider à ne pas reproduire les leurs, sans se doter d'une conception de l'esprit qui prenne en compte le fait que les valeurs sexuelles se transmettent d'une génération à l'autre. Mais, si la psychanalyse des adultes reste à mon sens l'une des disciplines les plus appropriées pour comprendre et résoudre ses problèmes sexuels, en général, le fait d'en parler dans un espace clos et protégé ne modifie pas nos habitudes ancestrales de ne jamais rien en dire à l'extérieur. Ainsi, la plupart des personnes analysées ne savent parler de sexualité ni avec leurs enfants ni avec leur conjoint. N'y arrivant pas avec lui, elles le persécutent avec des : « Tu n'as pas fini ton œdipe ! » Et ne sachant comment expliquer ce qu'est la mort et la sexualité à leurs enfants, elles s'en déchargent en les adressant à des thérapeutes. On s'embourbe ainsi dans un travail analytique d'autant plus lourd et pénible qu'en restant incapable de parler de sexualité au sein de son couple ou entre amis, on perpétue sans même s'en rendre compte ce qui nous a conduit en analyse.

Si la psychanalyse a sauvé notre culture de la catastrophe qu'ont engendrée, dans la sexualité occidentale, la Révolution française et l'avènement du puritanisme bourgeois, c'est parce qu'elle a découvert que les troubles qui perturbent la sexualité proviennent de l'impossibilité d'en parler. La sexualité est aussi différente d'un individu à l'autre que le sont les cerveaux. Qu'il s'agisse des zones érogènes, des rêves et des idéaux à travers lesquels on la considère ou des fantasmes qui nous habitent, dans le domaine sexuel, chaque personne est unique. Prétendre à une sexualité libre, dans cette polyphonie des goûts et des couleurs, réclame donc tout d'abord de pouvoir penser la sienne. Or que l'on fasse ou non une psychanalyse, s'interdire, ne pas savoir ou ne pas pouvoir parler de sa sexualité avec ceux qu'on aime, conduit assez vite à ne plus pouvoir la penser. On relègue alors le plaisir dans le registre de l'ineffable. On attend qu'il tombe du ciel ou que la magie thérapeutique nous le serve tout chaud sur un plateau. Au sein des couples, au mieux, on se dit : « Tiens, aujourd'hui, c'était meilleur que d'habitude », ou bien : « Qu'est-ce qu'il se passe ? Je ne ressens plus rien. » Mais on ne comprend ni pourquoi ni comment. Ceux qui font une psychanalyse ont tendance à se mouler dans ce que dit ou ne dit pas leur psychanalyste de la sexualité. Reproduisant ainsi avec lui le même rapport qu'avec leurs parents, ils en oublient l'essentiel, qui est qu'une relation amoureuse se construit et ne continue à vivre qu'à condition qu'on la nourrisse. Or pour construire et préserver ces liens délicats et fragiles qui sont ceux de l'amour, les êtres humains ne disposent que d'un seul outil : la parole. Ce n'est qu'en y pensant et en s'en parlant qu'ils les nourrissent et leur permettent d'évoluer.

« Si vous voulez bien faire l'amour, disait Françoise Dolto avec sa simplicité coutumière, apprenez à vous parler. » Pour pouvoir parler correctement de sexualité, il faut toutefois commencer par comprendre que chaque sexualité est unique en son genre et que, de plus, elle évolue tout au long de la vie. Comme je l'ai relaté, j'ai personnellement compris cela au cours des recherches que nous avons organisées avec Benny Cassuto au château de Charbonnière. La mère de mes enfants y a activement participé. Cela nous a tous deux engagés à aller réinterroger la façon dont la sexualité avait été pensée dans nos psychanalyses respectives. Reprenant rendez-vous chez mon dernier analyste, je me demandais comment il était possible qu'ayant commencé mon analyse enfant, l'ayant poursuivie depuis plus d'une trentaine d'années déjà, et ayant écrit un livre sur la sexualité masculine où j'exposais la construction sexuelle d'hommes très différents les uns des autres, je n'avais qu'une idée assez floue de la mienne. En fait, la mise au jour de mes fantômes personnels et l'élaboration de la psychanalyse transgénérationnelle avaient occupé toute la place. C'était donc la première fois que je centrais mon travail d'analysant sur la façon dont ma sexualité s'est construite, comme celle de beaucoup d'autres, sans pouvoir en parler à quiconque, si ce n'est au psychanalyste qui m'écoutait sans répondre.

Cette dernière tranche d'analyse a donc considérablement modifié la manière dont j'aborde aujourd'hui cette question avec mes clients. Non seulement je ne m'interdis plus, comme il est d'usage dans ma profession, de répondre à leurs questions. J'assume d'être un « réparateur de parents », en essayant de trouver avec eux réponse aux questions sur le sexe et la mort auxquelles leurs parents n'ont pas su répondre. Mais, de plus, je propose à ceux qui le souhaitent des groupes de parole semblables à ceux que nous avons organisés à la suite de ces recherches pour qu'ils puissent parler de sexualité en dehors de ma présence[1].

J'agis ainsi, car si, dans le domaine sexuel, nous nous limitons à considérer nos clients comme on nous l'apprend dans les instituts de formation des psychanalystes, en les voyant comme des névrosés, des pervers ou des psychotiques, il se passe, dans les cures, ce que le groupe de parole sur la sexualité que nous avons constitué avec Benny Cassuto et trois autres amis a mis en lumière. Nous avions tous fait de longues psychanalyses. Au cours d'une de nos rencontres, venant de reprendre la mienne, je leur en parle et leur explique que, bien qu'elle ait déjà été particulièrement longue, nos échanges m'ont fait comprendre que je n'y ai pas assez parlé de sexualité et que j'y retourne. En réponse, eux aussi se sont mis à parler de leurs psychanalyses. Or, à l'exception de l'un d'entre nous qui avait fait la sienne avec une analyste formée à la pensée de Françoise Dolto, nous nous sommes rendu compte que nos cures avaient plus ou moins fonctionné de la même manière. Pensant que la psychanalyse détenait les clefs de la normalité sexuelle, mais confrontés à des analystes qui ne disaient rien, nous avions inventé une norme mythique à laquelle nous avions, en vain, essayé de nous plier. Aucun de nous n'avait pu penser, dans sa psychanalyse, que sa sexualité était aussi différente de celle des autres que l'est son visage.

J'ai expliqué dans *La Sexualité masculine* que la plupart

---

1. Pour en savoir plus sur ces groupes, prendre contact avec l'association qui les organise : Le Jardin d'idées, 49, rue Pierre-Marcel, 94250 Gentilly. Tél./fax : 01 45 47 51 19. Site internet : http://www.jardindidees.org. E-mail : contact@jardindidees.org.

des questions que soulève la sexualité viennent de ce qu'elle se pense différemment dans l'horizontalité et la verticalité. L'horizontalité la réfère au plaisir et à ce que chaque génération doit réinventer de la vie, alors que la verticalité la réfère à l'ascendance, à la descendance et à la façon dont, en faisant des enfants, nous reproduisons nos parents. Or, telle que Freud en a posé le cadre, la cure psychanalytique ne prend en charge que la verticalité sexuelle. Elle permet de comprendre comment la sexualité se construit avec les parents. En revanche, elle a tendance à laisser dans l'ombre, si ce n'est à la charge des sexologues, tout ce qui concerne la dimension proprement corporelle de l'amour.

Comme ces groupes de parole fonctionnent sans moi, c'est-à-dire en dehors de la présence d'un « substitut parental », et sont ouverts à toute personne désireuse d'y participer, les relations qui s'y nouent ne correspondent ni à un transfert « thérapeutique » ou « parental », ni à ce Jacques Lacan a appelé, dans la formation des psychanalyses, un « transfert de travail ». Elles correspondent plutôt à un « transfert fraternel » qui, mobilisant les énergies grégaires de l'adolescence, permet de reprendre les questions restées en suspens à cet âge.

L'objectif de ces groupes est de redonner une place honorable à la sexualité dans la parole, ce dont la culture bourgeoise nous a trop longuement privés. On s'y applique à trouver un vocabulaire approprié aux questions qui s'y posent, d'une part parce qu'il est difficile de penser la réalité vivante du corps sexué à l'aide d'un vocabulaire construit de toutes pièces par la médecine bourgeoise, de l'autre, parce que, sans les mots appropriés, la sexualité reste à moitié pensable. Cette recherche d'un vocabulaire nouveau ne se limite pas à redonner, dans la pensée, une place normale à des mots comme gland, clitoris, grandes lèvres, tétons ou couilles. Elle restitue et légitime la part de créativité personnelle nécessaire à la sexualité, en renvoyant d'autant plus aisément l'individu à son unicité qu'il suffit d'un seul tour de parole pour prendre conscience du fait que la sexualité humaine est aussi différente d'une personne à l'autre que le sont les personnes.

Table

Du même auteur

La Bible et ses fantômes, Desclée de Brouwer, 2001.

Et l'enfant créa le père, Hachette Littératures, 2000.

Sans père et sans parole, La place du père dans l'équilibre de l'enfant, Hachette Littératures, 1999.

« L'image inconsciente du corps dans la mobilité corporelle et sexuelle de l'esprit », in *Françoise Dolto, c'est la parole qui fait vivre*, sous la direction de Willy Barral, Gallimard, 1999.

Question de (vol. 108) : Chamanisme et psychothérapie, Albin Michel, 1997.

Sons, Lovers and Fathers, Jason Aronson Inc., Northuale, New-Jersey, 1997.

La Sexualité masculine, Albin Michel, 1990 ; coll. « Pluriel », Hachette Littératures, 1999.

Hantise et clinique de l'Autre, Aubier, 1989.

L'Ange et le Fantôme, une introduction à la clinique de l'impensé généalogique, Éditions de Minuit, 1985.

Composition I.G.S. – Charente Photogravure
et impression Imprimerie Floch sur Roto-Page
en février 2004.

N° d'impression : 59451.
N° d'édition : 22205.
Dépôt légal : mars 2004.
Imprimé en France.